DIE BIBLIOPHILEN TASCHENBÜCHER

Hermann-Josef Wöstmann KRETA

Hermann-Josef Wöstmann

KRETA

Insel der Götter

Orbis Edition

Orbis Edition
DIE BIBLIOPHILEN TASCHENBÜCHER
Sonderausgabe 1999
Orbis Verlag in der Verlagsgruppe Bertelsmann GmbH

Printed in Slovenia
ISBN 3-572-10029-1

INHALT

SECHS KRETISCHE MÄRCHEN

PARAVANDIS

Es war einmal ein Mann, der reiste aus einer Stadt in eine andere. Wie er dort umherging, wußte er nicht die Wege und irrte den ganzen Tag in den Gassen umher. Und einmal kam er eine Gasse entlang und sah nach oben auf ein Fenster, da stand eine Frau und schaute ihn an; und dann, als sie ihn eine kleine Weile angeschaut hatte, schloß sie das Fenster. Den andern Tag kommt er wieder und bleibt in derselben Gasse stehen; und nach einer Weile sieht er wieder das Fenster sich öffnen und sieht wieder dieselbe Frau, und sie sagt zu ihm: «Was suchst du hier, Fremdling? Ich werde jetzt welche holen, daß sie dich töten.» Sagt er zu ihr: «Aus großer Zuneigung und Liebe zu dir nehme ich auch den Tod an, den du mir sendest.» Sagt sie zu ihm: «Geh und begib dich in eine andere Gasse und am Abend komme her!»

Am Abend kommt jener, und sie wirft ihm ein Seil zu und zieht ihn herauf durch ein Fenster und führt ihn in die königliche Kammer. Und sie nahm einen Stuhl und setzte sich zu ihm und begann ihn auszufragen, woher er sei und woher er stamme. Als er es ihr gesagt hatte, begann auch er sie zu fragen, woher sie sei und woher sie stamme, und weshalb sie sich hier befinde. Sie sagt zu ihm: «Wir waren Sklavinnen und wurden verkauft, und es nahm uns der Wesir des Königs, uns dreißig Sklavinnen. Aber es wurde uns befohlen, einzeln vor dem König vorbeizugehen, und als ich vorbeiging, sagt der König: ‹Unter allen Sklavinnen, die sie mir gebracht haben, sah ich keine schönere als diese. Geht und bringt sie in die königliche Kammer. Aber es hat niemand anders das Recht dort einzutreten als ich, der König.›»

In diesem Augenblick klopfte es an der königlichen Kammer. Was sollte sie mit ihm machen? Sie steckt ihn in eine Truhe und schließt sie zu und stellt sie in eine Kammer, und geht und öffnet und sieht den König vor sich, und er sagt zu ihr: «Wo ist der Fremde, den du hier hast?» Da wußte sie nicht, was sie tun sollte, und zeigt ihn dem König in der Truhe. Da erhob der König die Hand zum Zeichen, daß er und die Sklavin geköpft würden. Eine andere Sklavin jedoch ergreift schnell die Hand des Königs und sagt zu ihm: «Wegen des Fremden willst du deine Hand mit Blut besudeln, mein König? Willst du sie nicht aus dem Fenster in den Fluß werfen, mein König, damit ihr schändlicher Leib ein Fraß der Fische werde?»

Als sie sie nun herausgeworfen hatten, entkam der Mann an Land, weil er ein guter Schwimmer war, und sprach zu sich: «Sollte ich nicht wieder ins Wasser gehen und auch die Frau suchen?» Und er geht wieder hinein, fand sie indessen nicht.

Da sieht er im Flusse ein Schiff, steigt hinein und sagt zu dem Kapitän: «Bringe mich an Land!» Und er bringt ihn an Land. Dort sieht er einen Mann, der gräbt und macht eine Grube und schüttet einen vollen Sack hinein. Und er sagt zu sich: «Soll ich nicht gehen und zusehen, was es war, was er in die Grube getan hat?» Und er geht und findet eine Frau, und sie sagt zu ihm: «Willst du nicht hineingehn, mir Wasser zu holen, daß ich mich wasche und meine Augen öffne, um mit dir zu reden?» Und er geht und bringt ihr Wasser, und sie wäscht sich und sagt zu ihm: «Liegt da unten eine Stadt?» Er antwortet: «Ja, zweimal geht und kommt man an einem Tage dorthin.» – «Willst du mich nicht hinbringen und ein Zimmer suchen für mich, und einen Arzt, mich zu heilen?» Er sagt zu ihr: «Aber, meine Herrin, man wird mich fragen, wo ich dich gefunden habe und wer du bist.» Sie antwortet ihm: «Das macht nichts, mein Guter, du sagst, ich sei deine Schwester.»

Nachdem er sie in jene Stadt geführt hat und sie in ein Zimmer gebracht und auch den Arzt geholt und er ihr Arzneien gegeben hat, gibt sie ihm am andern Tage ein Schreiben, daß er es dem Bürgermeister aushändige. Er händigt es ihm aus, und der Bürgermeister gibt ihm einen Sack Goldstücke, und er bringt sie ihr. Und sie sagt zu ihm: «Geh zum Kaufmann und sage ihm, er solle dir ein Stück Seidenzeug vom schönsten, das er hat, geben. Daß du nicht mit ihm handelst, sondern soviel er von dir verlangt, sollst du ihm geben.»

Am andern Tag gibt sie ihm wieder ein Schreiben, er bringt es zum Bürgermeister; der gibt ihm einen zweiten Sack Goldstücke, und als er sie ihr gebracht hatte, sagte sie zu ihm: «Nimm den Sack Goldstücke und geh zu demselben Kaufmann und sage, er solle dir drei Stücke Seidenzeug geben und gib ihm den Sack Goldstücke und sage ihm, er möge soviel behalten wie er wolle.»

Da er so große Ausgaben gemacht hatte, sagt der Kaufmann zu ihm: «Komm morgen in mein Geschäft zu Tisch!» Als er nach Hause gekommen war und es ihr erzählt hatte, sagt sie zu ihm: «Geh, und wenn du aufstehst, um wegzugehen, dann sage ihm, auch er solle morgen in dein Haus zu Tisch kommen.» Als der Kaufmann gekommen war und er ihn bewirtet hatte, hatte sie ihm befohlen, dem Kaufmann, wenn sie von Tisch aufgestanden wären, zu sagen, er solle diesen Abend dableiben, denn er habe ein Zimmer und Bett für ihn. Abends macht sie das Bett dem einen auf dieser und dem andern auf der andern Seite des Zimmers, und nachts, als sie eingeschlafen waren, stand sie auf und ging hin und schnitt dem Kaufmann den Kopf ab. Dann geht sie zum andern und sagt zu ihm: «Steh auf und sieh, wie dein Freund sich in seinem Blute wälzt!» – «Aber Weib», sagt er zu ihr, «was hast du getan?» – «Laß dir doch erzählen, was er alles mir getan hat, und du wirst mich nicht verdammen, daß ich ihn getötet habe.»

Aber der fürchtete sich vor der Frau und verließ sie, und als er in eine andere Stadt gekommen war, öffnete er seinen Beutel und fand nur ein Goldstück drin und sagte: «Von soviel Goldstücken, die ich besaß, habe ich jetzt nur noch eines; was soll aus mir werden? Wie soll ich leben? Ich werde dies Goldstück wechseln und Kleinigkeiten kaufen, Rollen, Taschentücher, Nadeln und verschiedenes andere, und es in einen Korb tun, um es zu verkaufen; so werde ich mein tägliches Brot verdienen.» Und er ging in ein großes Kaffeehaus und verkaufte es. Dort drinnen saß ein alter

Mann mit grauem Haar in einer Ecke und sagt zu ihm: «Warum, mein Lieber, bringst du nicht auch mir davon, daß ich kaufe? Oder glaubst du, daß ich es nicht bezahlen kann?» Jener antwortete: «Nein, bei meinem Leben, ich habe dich nicht bemerkt; aber ich habe Blumen feil, kaufe davon!»

Und er kauft eine und drückt ihm drei Goldstücke in die Hand, und darauf sagt er zu ihm: «Nimm einen Stuhl und setze dich zu mir!» Als sich jener zu ihm gesetzt hatte, begann er ihn zu fragen, woher er sei, wer sein Vater sei und von wo er herstamme. Und er sagt ihm seinen Namen. Sagt zu ihm der Alte: «Wir waren befreundet mit deinem Vater, und wenn du willst, mache ich dich zu meinem Sohn und gebe dir mein Vermögen.» Jener nahm das an, was ihm der Alte sagte, und blieb da und sorgte für ihn. Später führte ihn der Alte eine Treppe hinab in ein unterirdisches Gemach und zeigt ihm eine goldene Urne mit Säulen, tausend Klafter tief und tausend Klafter breit. Darauf führt er ihn zu einer kleineren Urne, aber sie war reicher als die große; und dann führt er ihn in einen Saal, dort waren goldene Schmucksachen und eine gespenstische Königin, die trug am Halse eine Perle, so groß wie ein Taubenei.

Und nach drei Tagen stirbt der Alte und hinterläßt ihm diesen Schatz. Und der Mann stattete arme Frauen aus, baute Kirchen und tat viel Gutes. Und der reichste Mann in der Stadt erfährt dies und kündigt ihm seinen Besuch an; als er gekommen ist, sagt er zu ihm: «Ich habe erfahren, daß du einen Schatz gefunden hast; zeige ihn mir!» –

«Ich zeige ihn dir nicht; aber wenn du willst, gebe ich dir täglich tausend Goldstücke.» Als er ihm sagte, daß er ihm tausend Goldstücke täglich geben wolle, fragte ihn der nicht mehr aus, weder zu einem guten noch zu einem bösen Zweck.

Es erfährt dies auch der Wesir des Königs und kündigt ihm seinen Besuch an und sagt zu ihm: «Ich habe erfahren, daß du einen Schatz gefunden hast; zeige ihn mir!» – «Ich zeige ihn dir nicht, aber wenn du willst, gebe ich dir täglich tausend Goldstücke.» Und als er ihm von tausend Goldstücken täglich gesagt hatte, fragte er ihn nicht mehr aus, weder zu einem guten noch zu einem bösen Zweck.

Es erfährt dies auch der König und kündigt ihm seinen Besuch an, und kommt und sagt zu ihm: «Ich habe erfahren, daß du einen Schatz gefunden hast; sage mir, wo du ihn gefunden hast, sonst lasse ich dich in tausend Stücke hauen.» – «Ich zeige ihn dir nicht, und wenn du mich in kleine Stücke wie Reis hauen läßt. Aber wenn du willst, gebe ich dir zweitausend Goldstücke täglich.» Und der König nahm es an. Und jener rechnete nach und fand, daß er 670000 Goldstücke jährlich den dreien gab.

Einmal wandte sich der König an ihn mit der Bitte: «Verbinde mir die Augen und führe mich hin, daß ich den Schatz sehe!» Und er führte ihn hin, und der König sah den Schatz und sagte: «Fürwahr, dieser Schatz geht nicht zu Ende, soviel man auch davon weggibt.» Und darauf sagt der Mann: «Wenn ich doch wüßte, wo jene Frau ist, die die Ursache war, daß ich diesen Schatz gewonnen habe! Ich würde gehen und sie mit mir nehmen.» Und es sagt zu ihm der Wesir: «Bah, ich habe eine Tochter, die ist die Schönste in der Stadt; wenn du willst, werde ich sie dir geben.» Dieser erwiderte nichts, aber der Wesir geht und sagt zu seiner Tochter, sie solle ihre schönsten Kleider anziehen und zum Paravás (so nannten sie ihn) gehen und ihm sagen, er solle ihr den Schatz zeigen.

Das Mädchen wollte nicht gehen, aber der Wesir nahm sie und führt sie zum Hause des Paravás und sagt ihr, sie solle klopfen und hinaufgehn, sonst würde er sie köpfen. Und jene fürchtete sich und ging hinauf. Und sie erblickt den Paravás, wie er oben auf einem goldbestickten Kissen schläft; und er erwacht und sagt zur ihr: «Was suchst du hier? Wer hat dich geschickt?» Und sie sagt zu ihm: «Mein Vater; hat mich geschickt, daß du mir den Schatz zeigst, den du hast.» Und er nimmt sie bei der Hand und führt sie in das unterirdische Gemach und zeigt ihr die große Urne und die kleine, die mit Goldstücken und Diamanten und Perlen und Goldbarren gefüllt war. Und in dem Saal nimmt er die Perle vom Halse der Königin und schenkt sie ihr und noch andere Juwelen, und führt sie wieder heraus. Darauf ließen der Wesir und der König ihn ins Gefängnis werfen, weil er die Tochter des Wesirs verführt habe. Aber nachts stahl die Wesirstochter die Gefängnisschlüssel aus der Tasche ihres Vaters und ging und öffnete die Tür des Gefängnisses und sagte zu dem Paravás, er solle herausgehen, sonst würden sie ihn köpfen. Dies tat sie, weil er ihr viele kostbare Sachen geschenkt hatte.

Und jener flieht und kommt in eine andere Stadt und findet dort einen ihm befreundeten König und ging zu ihm und begrüßte ihn und darauf auch die Königin. Und es werden ihm dreißig Sklavinnen vorgestellt; und unter diesen war eine da, die war das Weib, welches die Ursache war, daß er den Schatz fand. Da wurde er ohnmächtig und es sagt zu ihm der König: «Was hast du?» Und er sagt: «Dieses Weib ist die Ursache, daß ich den Schatz gefunden habe.» Und der König sagt zu ihm: «Ich will dir das Weib schenken und dir auch deinen Schatz wieder verschaffen.» Und er schenkt ihm das Weib und verschafft ihm auch den Schatz wieder.

DER DERWISCH

Es war einmal ein Derwisch, der weissagte aus Zauberbüchern und reiste in der ganzen Welt umher. So kam er nun an einen Ort in das Haus einer Witwe und blieb außerhalb desselben und sagte zu ihr, wenn sie Brot habe, möge sie ihm zu essen geben. Er hatte aber kein Brot nötig, sondern wollte sehen, ob sie arm oder reich sei. Die Witwe sagte zu ihm: «Mein Derwisch, ich bin arm, ich habe kein Brot, ich habe nichts und bin traurig, daß auch mein Kind hungert und ich nichts habe, um ihm zu essen zu geben.» Da nahm der Derwisch Brot aus seinem Rucksack und gab auch dem Knaben und der Witwe, und sie aßen.

Als der Derwisch das Brot gegessen hatte, sagt er zu der Witwe: «Willst du mir deinen Knaben geben, daß ich ihn in den Wissenschaften unterrichte?» Sagt zu ihm die Witwe: «Ich gebe ihn dir, nimm ihn!» Der Derwisch nahm den Knaben und ging auf einen Berg.

Er ließ den Knaben Holz sammeln, um ein Feuer anzuzünden, und wirft Räucherwerk ins Feuer und räucherte und las auch in seinem Buche. Wie er sein Buch las, öffnete sich in einem Felsen eine Pforte, und der Derwisch sagt zu dem Knaben: «Tritt ein und fürchte dich nicht: es ist dort ein Schrank, den sollst du öffnen; darin ist eine kleine Laterne, die sollst du mir bringen. Du wirst dort wunderbare Dinge sehen, beachte sie aber nicht, weil sonst die Stunde vorübergeht und dann die Pforte sich schließt und du dann nicht mehr herauskannst. Länger als eine Stunde darfst du nicht bleiben.»

Als der Knabe in den Felsen eingetreten war, kam er in eine Höhle hinab, die dort war. Er sah wunderbare Dinge, Mädchen, die spielten und allerlei andere herrliche Dinge zeigten. Jener sah den Spielen zu und vergaß, was der Derwisch ihm gesagt hatte, er solle nicht länger als eine Stunde bleiben; und die Pforte schloß sich. Der Knabe ging und nahm die Laterne und geht zu der Pforte und findet sie geschlossen und er kehrte in die Höhle zurück, um eine Stelle zu finden, wo er durchkönnte.

Als er in die Höhle zurückgekehrt war, sah er ein Pferd, das fraß Knochen, und eine Hund, der fraß Stroh. Da lief der Knabe und nimmt die Knochen und setzt sie dem Hund vor und das Stroh dem Pferd. (In jener Zeit sprachen die vierfüßigen Tiere noch.) Sagt zu ihm das Pferd und der Hund: «Was suchst du hier?» Er sagt zu ihnen: «Ein Derwisch hat die Pforte geöffnet und mich hineingeschickt und dann sie geschlossen und ist davongegangen.» Sagt zu ihm das Pferd und der Hund: «Dieser Derwisch ist es, der uns tyrannisiert und dem Pferd Knochen gab und dem Hund Stroh und uns nicht die uns gewohnte Nahrung gab. Wegen des Dienstes, den du uns geleistet hast, wollen wir dich führen; fürchte dich nicht! Was hat er gesagt, daß du von hier holen sollst?» Er sagt: «Eine Laterne.» – «Hast du die Laterne geholt?» – «Ich habe sie geholt.» – «Wohlan also, da wo die Mädchen sind und spielen und tanzen, sage zu ihnen, sie möchten dir eine Kerze anzünden, und bringe sie zu uns hierher!»

Der Knabe ging und sagte es den Mädchen, und sie gaben ihm eine angezündete Kerze, und er brachte sie dem Pferd und dem Hund. Das Pferd zündet die Laterne an, und es erscheint ein Löwe. Der Löwe sagt: «Was willst du, Gebieter?» – «Ich will von hier weg.» – «Nimm das Brett aus dem Schrank heraus, und wenn du es zu dir genommen hast, wirst du mit einmal eine Stelle zum Hinabsteigen in den Fluß finden. Du mußt das Brett auf das Wasser des Flusses legen und dich auf das Brett setzen, und es wird dich in eine wüste Gegend bringen.»

Kehren wir jetzt zu dem Pferd und dem Hund zurück! Sagt das Pferd zu dem Knaben: «Nimm ein Haar aus meinem Schwanz und mache es zu deinem Amulett, das du bei dir trägst, so daß es niemand weiß, und wenn du irgend etwas nötig hast, wirf es ins Feuer, und sogleich werde ich vor dir stehen, dir zu helfen.» Auch der Hund sagt zu ihm: «Schneide auch mir etwas ab, um es zum Amulett zu machen, und wenn ich dir nötig bin, so brauchst du nur ein Haar im Feuer zu verbrennen, und ich werde vor dir stehen.»

Gehen wir nun zu dem Knaben, der das Brett trug und in den Fluß hinabstieg. Er zündet die Laterne an, und der Löwe kommt herbei; er fragt: «Gebieter, was willst du?» – «Hier ist Nacht, der Fluß ist groß; was soll aus mir werden?» – «Lege das Brett ins Wasser und setze dich darauf, so wird es dich in eine wüste Gegend bringen.» Der Knabe tut das also und stieg in einer wüsten Gegend aus, und da er allein war, begann er sich zu ängstigen. Da zündet er Feuer an und verbrennt das Haar des Pferdes, und das

Pferd erscheint sogleich und sagt zu ihm: «Was willst du, Gebieter?» — «Bringe mich zu meiner Mutter!» – «Rufe auch den Hund, weil er uns nötig ist!» Und er verbrennt ein Haar des Hundes, und es erscheint mit einmal auch der Hund. «Was willst du, Gebieter?» – «Bringe mich mit dem Pferd in das Haus meiner Mutter!» – «Eh, gehen wir!»

Auf ihrem Wege begegneten sie wilden Tieren, die den Knaben fressen wollten, und der Hund stürzte sich auf sie und würgte sie, und das Pferd auch und schlug gegen sie aus. Sie kamen zu seiner Mutter. Da sprach das Pferd mitsamt dem Hund zu dem Knaben: «Gehen wir an unsern Ort, wo wir leben, denn du brauchst uns nicht mehr.»

Da fragt die Mutter den Knaben: «Was ist mit dir geworden in der langen Zeit, die dich der Derwisch suchte? Ich sagte ihm, daß du nicht gekommen seist, aber er war wütend.» – «Ich werde dir den Derwisch zurichten...» Er zündet die Laterne an, es erscheint der Löwe und sagt zu ihm: «Was willst du, Gebieter?» – «Ich will reichlich Geld, denn ich will suchen, die Königstochter zu heiraten.» Sagt zu ihm der Löwe: «Es wird dir gelingen, sie zu bekommen, aber du wirst in große Gefahren geraten, aber da du das Pferd und den Hund zu Freunden hast, so werden sie dich vielfach unterstützen, da sie den Derwisch zu ihrem Feind haben, weil er dem Pferde Knochen gab und dem Hunde Stroh.» Sagt zu ihm der Knabe: «Das Brett, das ich holte, ließ ich im Fluß; geh und bringe es mir!» Sofort brachte es der Löwe. Das Brett war von Gold und hatte oben Diamanten. Er löschte die Laterne aus, und der

Löwe verschwand. Als der Löwe verschwunden war, nahm der Knabe die Diamanten heraus und verkaufte sie. Er brachte dadurch Geld im Überfluß zusammen und nahm seine Mutter, und sie reisten nach Konstantinopel, um nicht den Derwisch zu treffen.

Auf dem Weg, den sie gingen, begegneten ihnen Räuber und nahmen ihm das Geld ab, aber die Laterne nahmen sie ihm nicht, weil sie ihren Wert nicht kannten. Als die Räuber abgezogen waren, zündet er die Laterne an, und mit einmal erscheint der Löwe und sagt zu ihm: «Was willst du, Gebieter?» – «Siehst du nicht, was mir die Räuber getan haben, daß sie mir mein Geld genommen haben?» – «Rufe das Pferd, damit deine Mutter reitet und ihr nach Konstantinopel kommt und dein Geld sich verdopple. Ihr werdet in der Stadt einen Derwisch aufsuchen; der hat ein Haus zu vermieten.»

Als das Pferd gekommen war und seine Mutter sich darauf gesetzt hatte und sie nach Konstantinopel gekommen waren, wußte das Pferd das Haus des Derwischs und blieb außen vor der Tür stehen; und seine Mutter stieg ab, und sie pochten mit dem Türring an. Kommt der Derwisch heraus und sagt zu ihm: «Was suchst du hier mit deiner Mutter?» Sagt der Knabe: «Ich bin Kaufmann und gekommen, ein Haus zu mieten und mich hier niederzulassen und mein Geschäft zu besorgen.» (Dieser Derwisch war aber der Anführer der Räuber.) Sagt der Derwisch zu ihm: «Zehn Pfund will ich monatlich für das Haus.» – «Ich werde dir zehn Pfund monatlich geben.» Der Derwisch übergab dem Knaben das Haus und ging weg.

Der Knabe zündet die Laterne an, und es kommt der Löwe und sagt zu ihm: «Gebieter, was willst du?» – «Du sagtest mir, daß mir das Geld, das mir die Räuber genommen haben, doppelt zurückgegeben werden würde, und jetzt habe ich keine Pendara und weiß nicht, was aus mir werden soll.» Sagt zu ihm der Löwe: «Eben hier in der Wohnung ist all dein Geld.» – «Eh, aber ich weiß nicht, wo es ist. Zeige es mir!» Sie stiegen in den Keller hinab, und er zeigte ihm ungeheuer viel Geld, denn der Löwe wußte, daß der Derwisch der Anführer der Räuber war; und sie nahmen alles Geld und vergruben es dort.

Darauf sagt der Löwe zu dem Knaben: «Der Hund wird dir hier nützlich sein, schaffe ihn her, und das Pferd, und behalte sie bei dir, und gib jedem das ihm gewohnte Futter !» Der Knabe verbrannte das Haar des Hundes und des Pferdes, und es erschienen auch die beiden. Sagt der Löwe zu dem Knaben: «In fünfzehn Tagen wird der Derwisch kommen, um von dir die Miete einzufordern; du mußt ihm dann sagen, er solle abends kommen, damit du es ihm gibst, denn am Tage passe es dir nicht. Wenn er abends kommt, gibst du ihm seine Miete für fünfzehn Tage, die fünf Pfund, und wenn er des Nachts das Haus verläßt, so mußt du den Hund loslassen, daß er ihn verschlinge außerhalb des Hauses auf der Straße.» So sprach der Löwe, so machte es der Knabe, und der Hund verschlang den Derwisch auf der Straße, und er starb.

Der Derwisch hatte Brüder und Schwestern, ganz arme, die litten Hunger, und der Derwisch hatte ihnen niemals geholfen. Und als sie ihren Bruder, den Derwisch, begraben hatten, verkauften sie das Haus, und der Knabe kaufte es für zweitausend Pfund. Da waren also des Löwen Worte erfüllt, da der Knabe reich geworden war und das Geld doppelt erlangt hatte, das ihm die Räuber genommen hatten.

Er war aber unbekannt in der Stadt und besuchte die großen Lokale, Kaffeehäuser, Konditoreien, Bierhallen und dergleichen und gab ungeheures Geld aus; und die Konstantinopler staunten über den Reichtum des fremden Kaufmanns. Da war ein König von Konstantinopel, der hatte eine einzige Tochter, und sein Minister hatte einen einzigen Sohn; und der Minister wollte, daß sein Sohn die Königstochter heirate. Auch der König war damit einverstanden, daß er sie heirate. Aber da es damals so Sitte war und keine königliche Heirat stattfand, ohne daß der königliche Rat berufen wurde und darüber beschloß, so konnte er sie ihm nicht geben, ohne daß der Rat Beschluß faßte. Der Rat beschloß, daß er sie nicht heiraten dürfe, weil er Minister war und nicht von königlichem Blut abstammte. Dies hörte nun damals der Kaufmann, und er beschloß, vom König die Königstochter zur Frau zu verlangen.

Er zündet die Laterne an, und siehe da, der Löwe steht vor ihm und sagt zu ihm: «Was willst du, Gebieter?» – «Ich will die Königstochter heiraten.» – «Ja, du wirst sie bekommen, aber du wirst viele Leiden erdulden; aber da du das Pferd und den Hund hast, so werden sie dir helfen. Verlange von mir, was du willst, denn ich gehe wieder weg», sagte der Löwe zu ihm. «Du sollst mir neununddreißig Sklavinnen bringen aus einer solchen Gegend, daß sie hier unbekannt sind, junge und schöne, und je sechs Anzüge für jede, die besser sein sollen als die der Königin; ferner sollst du mir noch zwölf Anzüge bringen, die besser seien als die der Königin, und wie sie noch keine Königin in der Welt getragen hat; sechs Paar Fingerringe für meine Mutter mit Diamantsteinen daran, und für die Dienerinnen je ein Paar Fingerringe von geringerem Wert als die meiner Mutter!» Der Löwe brachte sofort alles, was der Jüngling gesagt hatte.

Dieser betrieb sein Geschäft im großen und sandte Waren nach allen Ländern. Als er ein Jahr lang in Konstantinopel gehandelt hatte, erstaunte die Stadt über seinen Reichtum, und man zischelte, daß er von königlichem Blute sei. Eines Tages ritt er auf goldenem Sattel und kam zweimal am königlichen Palast vorüber; und es sah ihn der Rat der Zwölf und die Königin mit der Königstochter und der König. Da fragte der König mit der Königin die Dodekada, die Zwölfer: «Wer ist dieser Mensch, der da vorbeikommt?» Sagt die Dodekada: «Das ist der Kaufmann, der hier ist und von dem man zischelt, daß er von königlichem Blute sei.» Der Kaufmann führte noch drei Reiter mit sich, den einen auf der einen Seite, den andern auf der andern Seite und den dritten voraus, und seine Kleider erglänzten. Da schreibt nun der König offiziell an ihn, er möge in den Palast kommen, da er mit ihm sprechen wolle. Als der Jüngling den Brief erhalten hatte, schreibt er in feierlicher Form wieder, er danke dem König und werde in den Palast kommen, um ihn zu begrüßen.

Dann macht er sich zurecht und nimmt wieder andere Reiter mit noch besseren Kleidern angetan mit sich, und das Pferd mit einem noch bessern Sattel und mit Diamantringen an den Händen. Er ging also in den Palast, und der Rat der Zwölf kam herunter und empfing ihn, und der Jüngling steigt vom Pferde, und sie führen ihn hinauf zum König. Er begrüßte den König und der König ihn. Es fragte ihn der König: «Aus welchem Lande bist du, Herr?» – «Ich bin aus dem Lande Amerika.» – «Was suchst du hier in Konstantinopel?» – «Ich bin hierher als Kaufmann gekommen.» – «Wirst du viele Jahre hier bleiben?» – «Das wird sich nach den Umständen richten.» – «Bist du verheiratet?» – «Nein, ich bin es nicht.» – «Hast du eine Mutter?» – «Ich habe eine Mutter; sie ist zu Hause.» – «Ist es möglich, daß deine Mutter kommt, die Königin zu begrüßen?» – «Jawohl, mein König!» – «Schicke sie den Sonntag her!» Der Jüngling stand auf, verabschiedete sich vom König und der Dodekada und ging weg.

Der Dodekada samt dem König und dem Ministerium schien die Sache sonderbar mit diesem reichen Jüngling, und sie sagten, er sei nicht aus Amerika, sondern er sei aus irgendeinem andern Lande, und habe es ihnen verheimlicht. Der erste Rat sagt, der Jüngling sei von königlichem Blut nach den Anzeichen, die er bemerkt habe, und sei gekommen, um den Kaufmann zu spielen, aber er lebe nicht von dem Geschäft. «Aber lassen wir das jetzt, und am Sonntag, wenn er seine Mutter hierher schickt, werden wir erfahren, was er für ein Mensch ist.» Am Sonntag schickte er seine Mutter hin zu Pferde auf einem Roß mit goldenem Sattel sowie die neununddreißig Sklavinnen, alle zu Pferde, und fünfzig Reiter folgten ihnen. Als sie es vom Palast aus sahen, kam die Königin mit ihren Kammerfrauen herunter, und sie gingen ihnen entgegen und begrüßten sie, und sie gingen oben in den Palast.

Lassen wir jetzt die Mutter des jungen Kaufmannes mit den Sklavinnen und mit der Königin und ihrer Dodekada und wenden wir uns zum König mit seiner Dodekada und seinem Ministerium. Als sie die Mutter des Kaufmanns und die Sklavinnen gesehen hatten, der König und sein Staatsrat und das Ministerium, erbebten sie und sagten: «Was sind das für Sachen?» Sagt der erste Rat: «Ich sagte euch ja, daß er nicht aus Amerika ist, sondern er ist irgendein Königssohn und spielt den Kaufmann, denn er zeigt doch, mein König, offenkundig, daß er von königlichem Blut ist, und mich erfaßt der Gedanke, daß er von dir die Königstochter verlangen werde.» Da erboste sich der Minister, weil er wollte, daß sein Sohn sie bekomme.

Lassen wir die jetzt sich so unterhalten und wenden wir uns zu der Königin! Die Königin sah die Kleider, die die Mutter des Fremden trug, daß sie besser als ihre eigenen waren, sowie auch ihre Sklavinnen; und sie geriet außer sich. Dann nach einer kleinen Weile erhob sich die Mutter des Jünglings und verabschiedete sich mit ihren Sklavinnen aus dem Palast und ritt mit ihren Sklavinnen weg.

Nach einigen Tagen fragte der erste Rat den König, wo der Palast des Kaufmanns sei, daß er gehe, ihn zu begrüßen. Als er seinen Palast wußte, schrieb er ihm in feierlicher Form, er werde kommen, ihn zu begrüßen. Als der

Kaufmann den Brief des ersten Rates empfangen hatte, schreibt er ihm: «Kommet, mich zu begrüßen; Ihr werdet mich sehr ehren.» Der erste Rat ging also hin, und die Sklaven kamen herunter und empfingen ihn und brachten ihn hinauf. Der erste Rat begrüßte den Kaufmann und der Kaufmann den ersten Rat, und sie setzten sich und begannen sich zu unterhalten. Sagt der erste Rat zu ihm: «Großmächtigster, du bist kein Kaufmann, noch aus Amerika; sondern du bist von königlichem Blut.» – «Warum sagst du zu mir, Großmächtigster, daß ich kein Kaufmann sei, noch aus Amerika, sondern von königlichem Blut sei?» – «Dich überführen deine Reichtümer, daß du König bist. Verlange vom König seine Tochter; er wird sie dir geben.» – «Eh, gut, ich werbe um sie, aber ich glaube nicht, daß; es gelingt. Wenn du mir also eine solche Sache vorschlägst, so danke ich dir; schlage du nun selbst als erster Rat dies vor!» Der erste Rat erhob sich, nahm Abschied und ging in den Palast. Er erzählte dies dem König, und der König sagte zu ihm: «Da der Minister um sie für seinen Sohn geworben hat und ihr und die Dodekada euch nicht entschieden habt, so sollt ihr morgen kommen, euch zu beraten und zu entscheiden, wer sie bekommen soll.»

Der Jüngling überlegt, was geschehen werde. Am andern Tage machte die Dodekada eine Sitzung in dem königlichen Palast, und sie erörterten die Sache. Die meisten sagten, der Mann sei von königlichem Blut und mit der Absicht gekommen, die Königstochter zu heiraten, und er spiele den Kaufmann, um nicht zu zeigen, daß er ein Königssohn sei. Der erste Rat hatte sich mit dem Minister gezankt und wollte nicht, daß der Sohn des Ministers die Königstochter bekomme, aber die ganze Dodekada wollte es, daß er sie bekomme; auch der König und die Königin wollten sie dem Sohne des Ministers geben. Da sagt der Minister zu ihnen: «Wir wollen zu ihm sagen, daß wir ihm drei Aufgaben stellen, und wenn er die drei löse, so solle er sie bekommen.» Sagen die andern: «Wir wollen ihn rufen, daß er komme und wir sie ihm mitteilen.»

Es kam also der Reiche, und sie sagten zu ihm: «Der Rat und die Dodekada haben beschlossen, daß du die Königstochter bekommen sollst, aber mit der Bedingung: wir werden eine Aufgabe stellen, und wenn du diese Aufgabe löst, so wirst du die Königstochter bekommen.» – «Eh! Sagt, was für eine Aufgabe es ist!» – «Du sollst auf einen Wagen steigen und an der königlichen Pforte halten, und in dem Hofe sind vierzig lebendige Hasen. Diese werde ich also des Morgens herbeischaffen, sie zählen und dir in den Wagen hineingeben, daß du sie ins Freie bringst und weidest, und des Abends sollst du sie in den Wagen tun und uns alle vierzig zurückbringen. Aber drei Tage lang sollst du sie des Morgens herausschaffen und des Abends uns alle vierzig zurückbringen.»

Der Minister mit der Dodekada ging hinunter und zählte ihm die vierzig zu, und er war in den Wagen und nahm sie, um sie zu weiden. Als er heraus ins Freie gekommen war, ließ er sie los, und die Hasen liefen hierhin und dorthin wie ungezähmte. Er zündete die Lampe an, und siehe, da stand der Löwe vor ihm und sagte zu ihm: «Was willst du, Herr?» – «Siehst du nicht, in welche Gefahr ich geraten bin, daß ich auf Hasen aufpassen soll? Wo befinden sich die Hasen?» – «Habe ich dir nicht gesagt, daß du, um die Königstochter zu bekommen, in große Gefahren geraten wirst? Nimm diese Flöte und spiele darauf, und wo auch die Hasen sind, sie werden an den Wagen herankommen und weiden.» Der Jüngling spielte die Flöte, und die Hasen kamen an den Wagen heran und weideten.

Der König mit der Königin schauten mit dem Fernrohr vom Palast aus hin und sahen die Hasen alle vierzig rings um den Wagen. Da sagt der Minister: «Er wird uns die Königstochter nehmen; aber ich werde eine List gebrauchen, mein König, ich werde andere Kleider anziehen, daß ich unkenntlich werde und hingehen und einen Hasen von ihm kaufen, daß er nur neununddreißig bringt, und dann verjagen wir ihn, und mein Sohn bekommt die Königstochter.» – «Eh, mache es nun so!» Der Minister ging und zog andere Kleider an und machte sich unkenntlich. Er geht und trifft den Jüngling im Wagen und sagt zu ihm: «Seid gegrüßt, mein Sohn!» – «Gleichfalls, Onkelchen!» (Der Jüngling erkannte sofort, daß er der Minister war, tat aber so, als ob er ihn nicht kannte.) «Was willst du, Onkel?» – «Ach, mein Kind, ich habe eine Tochter, die ist krank, und der Arzt sagte mir, ich solle einen lebenden Hasen suchen und ihn ihm bringen, daß er mir eine Arzenei mache, und durch diese Arznei werde sie geheilt werden.» – «Aber ich verkaufe keinen Hasen.» – «Verkaufe ihn mir und nimm, was du willst!» – «Ich will kein Geld, aber wenn du willst, daß ich dir drei Ohrfeigen ins

Gesicht versetze, so will ich dir den Hasen geben.» Der Minister – damit jener nicht die Königstochter bekäme – stellte sich hin, und der versetzte ihm drei tüchtige Ohrfeigen ins Gesicht, und er nahm den Hasen und ging in den Palast und sagt: «Da! Ich habe ihm den Hasen abgenommen; er wird am Abend nur noch neununddreißig bringen.» Da zündet der Jüngling seine Laterne an, und der Löwe erscheint und sagt zu ihm: «Was willst du, Gebieter?» – «Sie haben mir den Hasen genommen, und ich werde die Wette verlieren.» – «Eh, hast du zu deinem Vergnügen den Hasen verloren? Siehe, da kommt der Jäger und trägt einen lebenden Hasen. Rufe ihn an und kaufe den Hasen und tue ihn unter die andern!» Er ruft den Jäger und sagt zu ihm: «Trägst du einen lebenden Hasen?» – «Allerdings.» – «Wieviel Piaster willst du?» «Fünfzehn.» – «Lasse ihn unter die andern Hasen!» Er gibt ihm die fünfzehn Piaster, und der Jäger geht weg. Darauf bläst der Jüngling die Flöte, und die Hasen springen in den Wagen, und er selbst steigt hinein und fährt nach dem Palast des Königs.

Der erste Rat kommt herab mit dem König und der ganzen Dodekada und dem Minister, und der Jüngling sagt zu ihnen: «Öffnet das Tor und zählt die Hasen!» Sie öffneten das Tor und zählten die Hasen, und es waren vierzig. Sagt der Minister: «Es sind nur neununddreißig.» Der Reiche sagt: «Es sind alle vierzig», und die ganze Dodekada sagt: «Es sind alle vierzig.» Der Jüngling wünschte gute Nacht und steigt in den Wagen und fährt nach Hause.

Sagt der König zu dem Minister: «Bist du nicht gegangen, den Hasen zu kaufen?» – «Bei Gott, mein allergnädigster König, ich habe ihn gekauft und habe ihn noch zu Hause.» Sagt der König: «Ich werde morgen gehen.» Sagt der Minister zu ihm: «Gut, gehe!» Den andern Morgen geht der Jüngling nach dem königlichen Palast, und sie übergeben ihm wieder die vierzig Hasen, und er geht, sie zu weiden. Der König verkleidet sich und geht und verlangt von dem Kaufmann, daß er ihm einen Hasen verkaufe. Wie es dem Minister erging, so erging es dem König (denn der Jüngling erkannte, daß es der König war); und so nahm er den Hasen und ging ab und kam in den Palast und sagt: «Ich habe ihm den Hasen genommen.» Der Jüngling spielt die Flöte, und die Hasen versammeln sich bei dem Wagen, und während der Zeit kam der Jäger vorbei und trug einen lebenden Hasen, und er gibt ihm einen Taler und er läßt den Hasen unter die andern. Mittlerweile wurde es Abend, und er tut die Hasen in den Wagen und bringt sie zum Palast. Und die Dodekada nebst dem König, dem Minister und dem ersten Rat kommt herab, und sie zählen die Hasen und finden alle vierzig vor. Der König sagt: «Neununddreißig!» Sagt der erste Rat mit der Dodekada: «Nein, es sind alle vierzig, mein König.» Der Reiche fuhr wieder ab mit seinem Wagen und begibt sich nach Hause. Der König schämt sich vor dem Minister und der Minister vor dem König, weil sie wissen, wie es ihnen ergangen ist.

Sagt die Königin zu ihnen: «Ich werde morgen gehen, den Hasen zu holen.» Sagt der König zu ihr: «Ich halte es für besser, Königin, daß du nicht gehst.» Am andern Morgen kam wieder der Reiche in den Palast, und sie zählten ihm die vierzig Hasen zu, und er nimmt sie und geht, sie zu weiden. Die Königin verkleidete sich und ging, den Hasen zu kaufen. Sie sagt zu ihm: «Herr, verkaufe mir einen Hasen; ich habe nämlich Kinder, die sind krank, und die Ärzte haben mir gesagt, ich solle einen lebenden Hasen holen, daß sie mir eine Arzenei machen und sie geheilt werden.» – «Du bist arm, Tante, und hast nicht genug, einen Hasen zu kaufen.» – «Eh, wieviel kann der Hase kosten?» – «Diese Hasen sind teuer, denn sie sind vom Schloß (er tut so, als ob er nicht wüßte, daß sie die Königin sei) und sind nicht zu verkaufen.» – «Eh, gib mir einen Hasen und verlange von mir so viel Piaster du willst, und wenn ich sie dir nicht gebe, so magst du mir den Hasen nicht geben.» Sagt er zu ihr: «Ich will kein Geld, sondern tritt her, daß ich dich küsse! Dann will ich ihn dir geben.» Die Königin entschloß sich, damit der Sohn des Ministers ihre Tochter erhielte und nicht jener, sich küssen zu lassen und nahm den Hasen und ging in den Palast. Als die Königin weggegangen war, kommt gerade zur Zeit der Jäger vorbei und trägt einen lebenden Hasen, und der Jüngling gibt ihm zwei Taler, und er läßt ihn unter die andern und geht ab. Der Jüngling bläst die Flöte und die Hasen springen in den Wagen, und als es Abend war, steigt auch er in den Wagen und fährt zu dem Palast. Der König und die Königin kamen mit der Dodekada, dem Minister und dem ersten Rat herab und zählen zum dritten- und letztenmal die Hasen und finden wieder vollzählig vierzig. Sagt die

Königin: «Neununddreißig sind es.» Der erste Rat und die Dodekada aber sagen: «Nein, es sind vollzählig vierzig.» Der Reiche hatte also gewonnen.

Sagen sie zu ihm: «Du sollst noch einen Palast in vier Monaten bauen, derart, um das ganze Heer des Königs darin unterzubringen, und du mußt für sie Lebensmittel haben und noch weit mehr; gegenüber dem königlichen Palast soll er stehen und ihm gleichen!» – «Ah! Gut, ich werde es machen.» Der Jüngling ging fort und begibt sich in sein Konak und zündet die Laterne an, und daraus hervor kommt der Löwe und sagt zu ihm: «Was willst du, Gebieter?» – «Einen Palast, um das ganze Heer unterzubringen und darin die Lebensmittel für die Leute und noch mehr, und sein Gang soll so tief und breit sein, daß das Heer darin gehen und passieren kann, ohne von außen gesehen zu werden!» – «Gut, es soll geschehen!»

In vier Monaten war der Palast fertig und die Lebensmittel bereits im Palast, und er glich dem königlichen. Und der Jüngling sagte zum König: «Der Palast ist fertig und das Heer kann in ihn einziehen.» Das Heer kam und bezog ihn und war nicht darin zu sehen, und die Hälfte blieb noch leer, und es gab Lebensmittel für drei Monate. Folglich hatte der Reiche auch diese Aufgabe gelöst. Sie sagen zu ihm: «Komm morgen früh, dann werden wir dir noch eine andere Aufgabe mitteilen, die Dritte und letzte.» Er kam des Morgens, und sie sagen zu ihm: «Du sollst auf den Glockenturm steigen und drei Säcke hinauftragen und mit Lügen füllen und so die Aufgabe lösen.» Er stieg auf den Glockenturm und ruft so laut er konnte: «Ich habe den Minister geohrfeigt!» Und unten das Volk, das da versammelt war, ruft: «Lügen, Lügen, Lügen!» Und er füllt den einen Sack und bindet ihn tüchtig zu und wirft ihn herab. Sie sagen: «Einer!» – «Ich habe auch den König geohrfeigt», ruft er laut. Sagt das Volk unten: «Lügen, Lügen, Lügen!» Und er bindet ihn tüchtig zu an der Öffnung und wirft ihn herab; und sie sagen: «Zwei!» – «Ich habe auch die Königin geküßt!» ruft er, so laut er konnte, und das Volk sagt von unten: «Lügen, Lügen, Lügen!» Und er füllt den dritten Sack mit Lügen und bindet auch diesen tüchtig zu und wirft ihn herab, und er kommt herunter, und sie rufen: «Die Aufgabe ist gelöst, du sollst die Königstochter bekommen.» Und er nahm sie und sie lebten glücklich, und wir noch glücklicher.

DER STRAND VON VAI IM NORDOSTEN DER INSEL

BUCHT VON ITANOS: HIER LAG DIE ANTIKE HAFENSTADT

ITANOS HEUTE: EINE VERLASSENE STADT (ERMOUPOLI)

RUINEN DES MINOISCHEN PALASTES VON ZAKROS

BEEINDRUCKENDE NATUR: SCHLUCHT BEI ZAKROS

HOCHLAND IM OSTEN DER INSEL

MÖNCHSKLOSTER KAPSA AUS DEM 15. JAHRHUNDERT

HAFEN VON SITIA MIT VENEZIANISCHEM KASTELL

REMINISZENZEN EINER GROSSEN VERGANGENHEIT

FRIEDHOF VON SITIA

VERLASSENES BAUERNHAUS

KRETISCHE BÄUERIN AUF DEM WEG ZUM MARKT

DORFKIRCHE VON MIRSINI ZWISCHEN SKOPI UND SFAKA

DIE VOLLSTÄNDIG FREIGELEGTE MINOISCHE STADT GOURNIA

SCHLUCHT BEI KAPSA

IERAPETRA, DIE GRÖSSTE STADT AN DER SÜDKÜSTE

MOSCHEE VON IERAPETRA, DEM ANTIKEN HIERAPYTNA

KAPITELLE AM REINIGUNGSBRUNNEN DER MOSCHEE

FOURNOU KOURIFI, FRÜHMINOISCHE SIEDLUNG BEI MYRTOS

AUF DEM WEG ZURÜCK VOM FELD

BYZANTINISCHE PANAGIA-I-KERA-KIRCHE BEI KRITSA

ÜBERRESTE DER DORISCHEN STADT LATO

ABENDSTIMMUNG ÜBER DER BUCHT VON MIRABELLO

IM HAFEN DES FISCHERDORFS ELOUNDA

BODENMOSAIK AUF SPINALONGA

FESTUNGSINSEL SPINALONGA IM GOLF VON MIRABELLO

MIT DEM ESEL UNTERWEGS

MÜHLSTEIN IN EINER RUINE BEI LOUMAS

KIRCHE UND ALTE WINDMÜHLE VON LOUMAS

WINDMÜHLEN AUF EINER ANHÖHE BEI AGIOS NIKOLAOS

BLICK AUF DAS DIKTI-GEBIRGE

WEBERIN IN EINEM DORF AUF DER LASITHI-HOCHEBENE

VOR EINEM DER ZAHLREICHEN «SOUVENIR-LÄDEN»

DIE DIKTÄISCHE HÖHLE (ZEUS-HÖHLE) BEI PSYCHRO

WINDMÜHLE AUF DER FRUCHTBAREN LASITHI-HOCHEBENE

OLIVENBAUM-PLANTAGE AUF DEM LASITHI-PLATEAU

BEI DER OLIVENERNTE

KNORRIGER STAMM EINES URALTEN OLIVENBAUMS

BÄUERIN IM OLIVENHAIN

STEINGARTEN

ORANGENBAUM MIT FRÜCHTEN

MITTAGSBLUME

KRETISCHE ANEMONE

«KERNOS VON MALIA» IM MINOISCHEN PALAST VON MALIA

GETREIDESILOS IM ZENTRUM DES PALASTES VON MALIA

MEGARON DER KÖNIGIN IM PALAST VON KNOSSOS

SAAL DER WANDMALEREIEN IN KNOSSOS

DOPPELHÖRNER
VON KNOSSOS

KÖNIGLICHE BADEWANNE

HÖLZERNER SESSEL IN DER VORHALLE DES THRONSAALS

VENEZIANISCHER LÖWE IN KRETAS HAUPTSTADT IRAKLION

AGIOS-MINAS-KATHEDRALE IN IRAKLION

SCHUSTERWERKSTATT IN IRAKLION

STEINERNE LÖWEN AM MOROSINI-BRUNNEN IN IRAKLION

IRAKLIONS VENEZIANISCHES HAFENKASTELL

FANGFRISCHER TINTENFISCH

FISCHER BEIM NETZEFLICKEN

KÜSTENABSCHNITT WESTLICH VON IRAKLION

PANAGIA-KIRCHE BEI FODELE

EL GRECOS GEBURTSHAUS IN FODELE

MARKTTAG IN MIRES

VERKAUF VON HANDARBEITEN VOR DEM PALIANIS-KLOSTER

KAPELLE BEI VENERATO

FUND IN DER MINOISCHEN VILLA AGIA TRIADA

TREPPE AM ÖSTLICHEN AUSGANG VON AGIA TRIADA

FRESKEN AUS DER «SOMMERRESIDENZ» VON AGIA TRIADA

DETAIL DER FRESKEN VON AGIA TRIADA

AUSGRABUNGEN VON AGIA TRIADA

FESTOS – MINOISCHE RESIDENZ HOCH ÜBER DER MESARA

WEIDENDE SCHAFHERDE BEI FESTOS

IDA-GEBIRGE MIT PSILORITIS, KRETAS HÖCHSTEM BERG

FELSHÖHLEN IN MATALA

KLOSTER ARKADI, NATIONALHEILIGTUM DER KRETER

ÄLTESTER MÖNCH

BLICK INS REFEKTORIUM

KAPELLE DES KLOSTERS ARKADI

MOSCHEE IN DER FORTEZZA VON RETHIMNO

HAFENEINFAHRT VON RETHIMNO

HAFENIDYLLE IN RETHIMNO

TÜRKISCHER HOLZBALKON

IN DER ALTSTADT VON RETHIMNO

ARIMONDI-BRUNNEN IN RETHIMNO

KLOSTER AGIA TRIADA AUF DER AKROTIRI-HALBINSEL

DETAIL DER KIRCHENFRONT AM KLOSTER GOUVERNETO

MEISTER DES SCHACHSPIELS IN CHANIA

JANITSCHAREN-MOSCHEE AM HAFEN VON CHANIA

DIE FARBEN VON HELLAS: BLAU UND WEISS

DIE UNGLÜCKSBRINGERIN

Es gab einmal einen König, der drei Töchter hatte. Eine von den dreien war aber eine Unglücksbringerin und brächte, ließe man sie gewähren, dem Königreich Verderben. Der König wußte das, doch welche von den dreien es war, wußte er nicht. Er ging daher zu den Zauberern, und die Zauberer sagten ihm: «Deine eine Tochter ist einmal eine Unglücksbringerin und sie könnte dich verderben. Was mußt du da tun? Geh drei große Wachskerzen kaufen, stell sie gerade hin, zünde sie auf den Kopfkissen deiner Töchter an, und die, deren Kerze zuerst verlischt, ist die Unglücksbringerin.»

Nun erlosch aber zuerst die Kerze der Jüngsten, die der König am liebsten hatte. Da sagt er zu ihr: «Komm morgen früh mit, mein Kind! Wir wollen irgendwohin gehen, wo man uns zur Taufe eingeladen hat.»

Er hatte jedoch mit seinem Diener, dem Mohren, abgemacht, daß der mit der Königstochter weit fortlaufen sollte, sie abschlachten und sein Taschentuch in ihr Blut tauchen und das Tuch ihm überbringen sollte.

Am nächsten Morgen ging auch der Vater erst ein Stück mit und sagt auf einmal unterwegs zu der Jüngsten: «Ich habe meine Uhr vergessen, Tochter, und will sie holen gehen.»

Der Diener ging mit der Tochter weit fort, und sie kamen an eine Quelle. Dort setzten sie sich und das

Mädchen sagt: «Mein Vater verspätet sich mit seinem Kommen.»

«Dein Vater? Der kommt überhaupt nicht. Er ist nämlich bei den Zauberern gewesen, und die haben ihm gesagt, daß du eine Unglücksbringerin wärest. Da hat er mir aufgetragen, ich sollte dich schlachten. Aber du tust mir leid, und ich schlachte dich nicht. Ich will dich nur etwas in den Finger schneiden, damit ich mein Taschentuch blutig machen und ihm bringen kann.»

Der Diener schnitt sie also in den Finger, ging fort und brachte ihrem Vater das Tuch.

Das Mädchen blieb an der Quelle. Was sollte so ganz allein aus ihm werden? In der Nacht sah es von weitem ein Licht. Es lief darauf zu, und dort befand sich ein Gärtner in seinem Haus. Es sagt zu ihm: «Onkel, hast du Platz, daß ich hier schlafen kann?»

Der Gärtner antwortet ihm: «Ich habe Platz, mein Kind, schlaf nur hier!»

Es schlief also dort. In der Nacht aber machte sich seine böse Schicksalsfrau – da es ja eine Unglücksbringerin war – daran, den Garten niederzumähen.

Der Gärtner wurde wieder wach und spricht dann: «O was hast du mir angetan! – Du hast mir ja den Garten zerstört.»

«Ich bin nicht von dort aufgestanden, wo ich mich hingelegt hatte, Onkel!»

Danach ging das unglückliche kleine Mädchen von dem Gärtner fort, und am nächsten Abend sah es wieder von weitem ein Licht. Es lief darauf zu und kam zu einem

Schafhirten, und zu dem sagt es jetzt: «Hast du Platz, Onkel, daß auch ich hier schlafen kann?» – «Ja, ich habe Platz, mein Kind, schlaf nur hier!»

In der Nacht ging wieder seine böse Schicksalsgöttin ans Werk. Sie schlachtete alle Schafe des Hirten ab. Ganz erschrocken war der Hirt am Morgen aufgestanden. «Oh! Was hast du mir angetan! Du hast ja alle meine Schafe abgeschlachtet!» – «Ich bin nicht von dort aufgestanden, wo ich mich hingelegt hatte, Onkel!» – «Ja, mein Kind, da magst du recht haben! Aber du bist nun einmal eine Unglücksbringerin, und dein Vater hat dich fortgejagt. Da – dort weiter hinten – wohnt eine alte Frau. Zu der gehe, die soll dich mit deinem Schicksal versöhnen. Sie ist eine Zauberin. Sie wird zwar auf dich schelten, sie wird dich hinauswerfen, aber du sollst nicht etwa von dort weggehen. «‹Ich gehe nicht fort, wenn du mir nicht mein Schicksal in gute Ordnung bringst!› sollst du sagen.»

Das Mädchen ging also von dem Hirten fort. Die Frau brachte es mit seinem Schicksal in gutes Einvernehmen, und sie erklärte ihm: «Hör zu, mein Kind! Du bist schön, bist auch jung, es geht nicht an, daß du so allein herumläufst. Du mußt eine alte Frau finden, mein Kind, die mußt du schlachten, deren Haut nehmen und dir überziehen, damit du wie eine Alte aussiehst. Da – nimm das Messerchen da! Wenn dir irgendeine alte Frau begegnet, so schlachte sie ab!»

«Ja, Tante», sagt da das Mädchen zu der Alten, «aber warum soll ich erst irgendeine alte Frau finden? Dich selber werde ich schlachten!» Es schlachtete also die Alte und zog weiter. Es gelangte an einen Palast und wurde Magd darin.

Es zog die Haut aus, da wurde es eine schöne Jungfrau, und der Königssohn bekam sie zu sehen. Sie gefiel ihm, und er heiratete sie.

Eines Tages saß nun die junge Frau am Fenster. Ihr Vater war an jenem Morgen mit dem Mohren auf die Jagd gegangen. Und so erblickte sie ihr Vater am Fenster. Da schilt er auf den Mohren: «Du Kerl, du Hund! Hattest du mir nicht gesagt, du hättest sie geschlachtet?» – «Ja, mein König, aber sie dauerte mich, und so schlachtete ich sie eben nicht.»

Die Tochter sieht die beiden und begrüßt sie. Der Vater fragt sie: «Willst du wieder zu uns nach Hause kommen, mein Kind?» – «Nein, zu dir will ich nicht! Du hattest doch gesagt, man solle mich schlachten, und jetzt bin ich ‹dein Kind›?». – «Willst du aber, daß ich dir deine Schwestern schicke, damit du die wiedersiehst?»

Die Tochter sagt: «So schick sie mir!»

Und jetzt erzählt die junge Frau ihrem Mann ihre ganz Lebensgeschichte, und sie sagt auch: «Morgen kommen meine Schwestern.» «Also gut! Wenn deine Schwestern kommen, sollst du den ganzen Palast für sie auftun. Nur das Bad, in dem ich mich zu baden pflege, darfst du nicht öffnen. Solltest du das Bad doch öffnen, verlierst du mich und siehst mich nicht mehr wieder.»

Hm – ihre Schwestern kamen also. Sie waren jedoch nicht davon abzubringen, daß die junge Frau auch das Bad aufmachen sollte, damit sie es sehen könnten. Da öffnete die junge Frau ein Fensterchen, damit sie sehen könnten, was drinnen ist. Die Schwestern hatten aber zerstoßenes Glas in ihren Taschen, und das warfen sie ins Bad, denn der Neid auf die junge Frau hatte sie gepackt.

Ihr Mann kommt. Er fragt: «Waren deine Schwestern da?» – «Sie waren da.» – «Hast du etwa das Bad aufgemacht? Wenn du es aufgemacht hast, so sag es mir! Ginge ich nämlich trotzdem hinein, würdest du mich verlieren!»

Die junge Frau sagt es ihm aber nicht. Und der Mann geht am nächsten Tage ins Bad. Er läßt sich auf die eine Seite fallen und wird voller Glassplitterchen, er läßt sich auf die andere fallen und wird voller Glasstäubchen.

Und dann lief er weg, und sie verlor ihn. Was sollte nun aus ihr werden? Man jagte sie aus dem Palast und auch sie ging also fort.

Sie ging, ging weiter, kam in einen Wald und setzte sich unter eine Eiche. Als sie dort über Nacht lagerte, kamen Katzen – dreiundvierzig Katzen kletterten auf den Baum.

Die unglückliche junge Frau hörte vom Baum her «miau, miau...» Da sagt sie zu sich: «Oh, jetzt werden die auch runterkommen und mich auffressen!»

In der Nacht aber sprechen die Katzen oben auf der Eiche miteinander: «Was sollen wir denn mit dem Königssohn machen, um ihn zu heilen?» sagen die einen. Darauf antworten andere: «Ach, mit unserem Fett müßte man den einreiben, da würden die Glasstäubchen schon hinauseitern. Doch das dürfen wir gar nicht sagen, sonst schlachten sie noch eine von uns!»

Die junge Frau hört von unten her sehr genau zu. «Ah, die sprechen von meinem Mann!»

Als es in der Frühe wieder hell wurde, sprangen die Katzen von der Eiche herab, sagen nun zu dem alten Kater, den sie bei sich hatten: «Du mußt oben bleiben und auf unsere Sachen aufpassen!»

Dann schlief aber der alte Kater ein, obwohl sie ihn dort gelassen hatten, damit er auf ihre Sachen aufpaßte.

Und die junge Frau holt das Messerchen hervor, mit dem sie die Alte geschlachtet hatte, und geht ganz, ganz leise an ihn heran, packt ihn am Genick, schlachtet ihn, zieht ihm das Fell ab und nimmt das Fett mit.

Und dann fragt und fragt sie, wo wohl der Kranke wäre, der die Glasscherben in sich hat. Und dann findet sie ihn auch und sagt: «Liebe Leute, laßt auch mich eine Arznei für den Kranken machen, vielleicht kann ich ihm Linderung schaffen!»

Sie rieb ihn dann ein, und die Glasstäubchen eiterten aus, und der Mann wurde gesund. Und dann nahm sie den Königssohn mit, und sie aßen und tranken und verlebten eine gute Zeit.

WAS IN DEN STERNEN GESCHRIEBEN STEHT, IST UNAUSLÖSCHLICH

Hast du gehört, Großmütterchen? Marie Konstantios heiratet Manuel Atrulidomichilis, den wackersten Burschen des Ortes!» – «Beim Namen Gottes! Und du weißt es sicher?» – «Gewiß, aus dem Munde ihrer Base, der Pelagia, habe ich es gehört.» «Eh, meine Kinder, es war ihr so bestimmt. Was Gott geschrieben hat, können die Menschen nicht auslöschen. Hört zu, ich will euch ein Märchen erzählen, aus welchem ihr die Macht Gottes des Allmächtigsten erkennen werdet.»

Es waren einmal zu einer Zeit ein König und eine Königin, die hatten eine einzige Tochter. Eines Tages, als der König spazierenging mit dem Rat der Zwölf, bemerkte er außen vor dem Eingang seines Palastes einen Mohrenknaben, so von zwei, drei Jahren: der saß und weinte. Der König, von Mitleid ergriffen, nimmt ihn herein und bringt ihn der Königin. Als diese ihn sah, erschrak sie anfangs, aber dann, als sie hörte, daß er ausgesetzt war, hatte sie Mitleid mit ihm und sagte zum König, sie sollten sich seiner erbarmen und ihn dann später der Königstochter als Diener geben. Der Mohrenknabe blieb also im königlichen Palast und wurde da erzogen.

Eines Tages träumte die Königin, daß sie ihre Tochter, die Prinzessin, mit dem Mohrenknaben vermähle. Sie steht also ganz früh auf und geht in das Schlafzimmer des Königs und weckt ihn und erzählt ihm ihren Traum. «O weh», sagt da der König zu ihr, «sieh, ich habe denselben Traum gehabt!» – «Eh, was wollen wir jetzt mit ihm machen, was sollen wir tun?» – «Auf, rufe den Mohrenknaben, und wenn auch er denselben Traum gehabt hat, so bedeutet das, daß wir ihn von hier fortjagen müssen.»

Sie lassen also dem Mohrenknaben sagen, er solle in das königliche Schlafzimmer kommen, weil sie mit ihm sprechen wollten. Er kommt, und sobald er den König und die Königin sieht, sagt er zu ihnen: «Gut, daß ich euch alle beide hier treffe, da ich mit euch sprechen will. Gestern abend sah ich im Schlaf den Engel des Herrn, der sagte zu mir: ‹Steh auf und suche den König und die Königin auf und sage zu ihnen: Es ist beschlossen von Gott dem Allmächtigen, daß du die Königstochter zum Weibe nimmst.›»

Als der König und die Königin diese Worte hörten, wurden sie rasend, und der König sagte zu ihm in großer Wut: «Hebe dich von mir weg, Mohrenbrut, schämt sich nicht dein Angesicht, Bastard, daß du meine Tochter zur Frau nehmen willst? Daß dich meine Augen nicht mehr sehen! Sonst lasse ich dich hängen!» – «Nur gemach, mein allergnädigster König, ich gehe; ich werde mich aufmachen, den Engel des Herrn zu fragen, ob das, was in den Sternen geschrieben steht, ausgelöscht werden kann. Wisse jedoch, daß, wenn die Dinge ihren Gang gehen, die Königstochter die Meine wird.»

Der Mohrenknabe ging also ab und marschierte Tag und Nacht, um den Engel des Herrn aufzusuchen und ihn zu fragen, ob, was geschrieben steht, ausgelöscht werden kann. – Als er so marschierte, einige Tage danach, sieht er am Wege drei Frauen, die hatten vor sich einen Haufen Silber- und Goldstücke und maßen sie immerzu und maßen sie. Der Mohrenknabe nähert sich ihnen und sagt zu ihnen: «Guten Tag!» – «Guten Tag, Pallikare», sagen die Frauen, «was suchst du, mein Kind, hier in der Einöde, wo wir noch keinen lebenden Menschen gesehen haben schon so viele Jahre?» – «Was soll ich euch sagen, meine Herrschaften, ich bin schlimm dran! Ich gehe, Gott den Allmächtigen zu fragen, ob, was in den Sternen geschrieben steht, ausgelöscht werden kann.» – «Glück auf den Weg, mein Kind, wir bitten dich, auch unsertwegen zu fragen, was wir tun müssen, um dieses Geld loszuwerden, das wir hier messen, jetzt schon fünfzig Jahre.»

Der Mohrenknabe ging weiter und marschierte, und auf dem Wege trifft er einen Pfahl, der schwebte in Gottes Luft fünfzig Klafter über der Erde. Der Mohrenknabe kommt näher und hört den Pfahl reden und ihn fragen, wohin er gehe. «Ich gehe zu Gott dem Allmächtigen, um ihn zu fragen, ob das, was in den Sternen geschrieben steht, auf Erden ausgelöscht werden kann.» – «Frage ihn doch auch meinetwegen, was ich tun soll, um von hier hinabzufallen, wo ich schon tausend Jahre bin.»

Nach einigen Tagen kam er von dort an einen Ort, wo eine alte blinde Frau saß; und er redet sie an und sagt zu ihr: «Guten Tag, Tante!» – «Danke, Kind, was suchst du, mein Sohn, in dieser Wüstenei, die noch keines lebenden Menschen Fuß betreten hat, solange ich hier sitze?» – «Ich gehe, Herrin, um Gott den Allmächtigen zu fragen, ob, was einmal geschrieben steht, ausgelöscht werden kann.» – «Meinen Segen, mein Kind; frage doch Gott den Allmächtigen auch meinetwegen, was ich tun muß, um meine Blindheit zu verlieren, wo ich Unglückliche hier schon vierzig Jahre blind bin und den Weg nicht finden und weggehn kann.»

Nachdem er noch vierzig Tage gewandert war, kam er am vierzigsten an, da, wo Gott der Allmächtige mit seinen Engeln und allen seinen Heiligen war. Der Mohrenknabe tritt näher und klopft an die Pforte des Paradieses, und es öffnet ihm der Apostel Petrus und der Engel Gottes, der beauftragt ist, die Seelen zu bringen, daß Gott sie richte. Er nimmt ihn bei der Hand und führt ihn vor den Thron des Allmächtigen. Da fiel der Mohrenknabe vor dem vielen Glanz, der vom Antlitz Gottes ausging, auf sein Angesicht und betete ihn an. Da sagt der Allmächtige zu ihm: «Was suchst du hier, Mohrenknabe?» Anfangs war er blöde vor Furcht und konnte nicht reden; aber dann raffte er sich auf und sagte: «Ich bin gekommcn, um zu fragen, ob das, was in den Sternen geschrieben ist, auf Erden ausgelöscht werden kann.» Da sagte Gott zu ihm: «Nicht kann solches je geschehn; mag der Himmel herabkommen und die Erde hinauf, aber was im Himmel geschrieben ist, kann auf Erden nicht ausgelöscht werden.»

Darauf fragt er Gott auch danach, worum ihn die drei Frauen, der Pfahl und die Blinde gebeten hatten. Sagt

Gott zu ihm: «Sage der Blinden, sie solle weggehn und den Holzblock umdrehen, auf dem sie sitzt: dann werde sie eine Quelle finden, in der solle sie ihre Augen waschen, die sich dann öffnen werden. Und wenn sie sich gewaschen hat und sehen kann, dann wasche auch du dich recht tüchtig an allen Stellen, die sichtbar sind; nur die verdeckten Stellen wasche nicht! Dann wirst du den Pfahl treffen und ihm sagen, er solle warten, bis jemand unten vorüberkommt; dann solle er fallen und ihn zermalmen; aber achte darauf, daß du weit von ihm entfernt bist, wenn du es sagst, damit er nicht herabfalle und dich zermalme. Darauf wirst du die drei Frauen finden und ihnen sagen, sie sollen das Geld, das sie verwalten, nehmen und unter die Armen verteilen.»

Nachdem Gott dies zu ihm gesagt hatte, betete der Mohrenknabe mit großer Ehrfurcht und ging dann weg. Nach einigen Tagen kommt er an, wo die Blinde war, und sagt zu ihr, was ihm Gott befohlen hatte. Als die Blinde es gehört hatte, steht sie auf und hebt auch den Holzblock auf und findet Wasser und wäscht sich; und als sie sich gewaschen hat, kann sie wieder sehen. Darauf geht auch der Mohrenknabe heran und wäscht sich die Stellen, die sichtbar sind, Gesicht, Hals und Hände. Und als er sich gewaschen hatte, daß er ganz sauber war, da war er weiß wie Milch geworden; nur da, wo er sich nicht gewaschen hatte, blieb er schwarz. Darauf geht er weiter und kommt zu dem Pfahl und sagt auch diesem, was Gott zu ihm gesprochen hatte. Als der Pfahl dies gehört hatte, sagt er zu ihm: «Bitte, komme doch näher und sage mir das, denn ich höre nicht gut!» – «Such dir einen andern, dem du das vorredest, denn bei mir geht das nicht; aber bleib gesund! Und viel Vergnügen!» Als er dann auch dahin gekommen war, wo die Frauen waren, sagt er auch diesen, was Gott zu ihm gesprochen hatte. Als diese es gehört hatten, sagten sie zu ihm: «Auch du bist arm: mit dir wollen wir den Anfang machen.» Während sie mit ihm redeten, sahen sie ein Kamel laufen, und eine von den Frauen fängt es ein, und dann beladen sie es mit Goldstücken, soviel sie können, und dann schenken sie es ihm und tragen ihm auf, er solle sich auch nach anderen Armen umsehen und sie ihnen abgeben.

Bald darauf kommt er in seiner Heimat an, und mit dem Geld, das ihm die Frauen gegeben hatten, kaufte er sich einen Laden und verkaufte darin alles, was nur die menschliche Zunge zu nennen weiß. Dieser Laden lag gegenüber dem königlichen Palast, da, wo die Fenster der Königstochter hinausgingen. Von dort aus sah ihn eines Tages die Königstochter, und sie verliebten sich. Der König und die Königin, als sie bemerkten, daß der Jüngling, der den gegenüberliegenden Laden hatte, sehr fleißig sei, beschlossen, ihm ihre Tochter zu geben. «Einen besseren Schwiegersohn können wir nicht finden», sagte der König. Sie entschließen sich also, und an einem Feiertag laden sie ihn in den Palast ein und sagen zu ihm, da sie sähen, daß er fleißig sei, so gäben sie ihm ihre Tochter, und wenn sie, die Alten, gestorben seien, so solle er auf dem Thron sitzen. Um nicht viel Worte zu machen – er nahm es an, und sie beschließen, am nächsten Feiertag Hochzeit zu machen. Am nächsten Feiertag war der Palast mit Fahnen geschmückt, und eine Menge Leute ging ein und aus: zu dieser Stunde fand die Hochzeit der Königstochter mit dem Jüngling statt.

Als sie getraut waren, dreht sich der Jüngling um und sagt zu dem König: «Gibst du zu, lieber Schwiegervater, daß, was im Himmel geschrieben ist, auf Erden nicht ausgelöscht werden kann?» – «Ich gebe es zu, lieber Schwiegersohn, aber warum fragst du?» – «Einst hast du doch aus deinem Haus einen Mohrenknaben vertrieben, der dir sagte, es stehe geschrieben, daß er die Königstochter bekomme?» – «Allerdings, lieber Schwiegersohn, tat ich das, weil ich es nicht ertragen konnte, daß ein Bastard sagte, er werde meine Tochter heiraten.» – «Nun, sieh her!» – damit zeigt er seine Brust, und es sehen alle, auch der König, daß er ganz schwarz war. Und dann sagt er zu ihm: «Ich bin der Mohrenknabe, den du vertrieben hast, weil du mich als Bastard ansahst; aber wiederum sage ich dir: Was im Himmel geschrieben ist, kann auf der Erde nicht ausgelöscht werden.»

«So ist es, meine Kinder», schloß die Alte ihre Erzählung. «Darum darf es euch nicht wunderbar erscheinen, daß Marie Konstantios den Manuel Atrulidomichális bekommen hat, denn sie konnte den besten Burschen des Ortes bekommen, wenn Gott es wollte.»

DER REICHE

Ein Reicher hatte einen einzigen Sohn in Smyrna und ließ ihn in dieser Stadt in allen Wissenschaften unterrichten. Dann wünschte der Sohn nach Konstantinopel zu reisen, um zu studieren. Er studierte dort drei Jahre. Nach je drei Monaten schickte ihm sein Vater immer achtzig türkische Pfund. Einmal kam er an einem Kaffeehaus vorüber, wo Geige gespielt wurde, und er trat in das Haus ein und trank Kaffee. Als er den Kaffee getrunken hatte, ließ er einen Napoleon (Goldstück) auf dem Brett und ging weg. Der Wirt fragte den Kellner, ob jener Fremde den Kaffee bezahlt habe oder nicht. «Sieh nach, ob er nicht das Geld zurückgelassen hat.» Der Kellner sieht nach und findet einen Napoleon und sagt zu seinem Herrn: «Ich habe einen Napoleon gefunden.»

Den andern Tag geht der Fremde wieder in das Café, und der Wirt nahm ihn mit großer Freude auf und fragte ihn, was für ein Getränk er wünschte, damit er ihn bewirte. Dieser verlangte ein Bier. Darauf revanchierte sich auch der Fremde. Er rief auch den, der das Stück spielte, und der kam heran, und er lud auch diesen ein. Dann fragte er den Musiker, wieviel Geld er wolle, um ihn Geige spielen zu lehren. Der Geiger verlangte von ihm hundertzwanzig türkische Pfund. Der Jüngling versprach, sie ihm zu geben, und er solle sogleich den Unterricht beginnen. Seinem Vater schrieb der Jüngling, daß er in eine andere Stellung eingetreten sei und dreihundert türkische Pfund brauche, und sein Vater schickte sie ihm sofort. Und er setzte ein Jahr lang das Violinspiel fort und lernte es vollkommen, besser noch als der Lehrer, der es ihn lehrte.

In diesen Tagen kam er bei einem Spielhaus vorbei, wo sie Karten spielten, und er verlangte nach dem Spielhausbesitzer und fragte ihn, wieviel er wolle, um ihn das Hasardspiel zu lehren; und dieser verlangte fünfhundert Pfund, um ihn das Hasardspiel so spielen zu lehren, daß ihn niemand betrügen könne. Und sogleich schrieb er an seinen Vater, daß er die erste Stellung aufgegeben habe und in eine andere getreten sei, aber er brauche sechshundert Pfund; und sogleich schickte der sie ihm. Und er setzte ein Jahr lang das Hasardspiel fort und lernte es besser als der Spieler, der es ihn lehrte. In diesen Tagen kam er an einer Stelle vorbei, wo er zwei Pagliazzi ringen sah, und er rief den einen Pagliazzo, der den andern niedergeworfen hatte, und sagte zu ihm: «Wieviel Pfund willst du, mein Sohn, dafür, daß du mich lehrst, dasselbe zu werden wie du?» – «Du hast nicht, mein Sohn, Geld genug, um eine Kunst zu lernen, die die beste der Welt ist.» – «Äh! Verlange von mir, soviel Geld du willst, und wenn ich es dir nicht gebe, so sollst du mich deine Kunst nicht lehren.» – «Tausend Pfund will ich, mein Kind, und du hast nicht soviel, mir zu geben.» Sogleich schreibt er an seinen Vater und sagt ihm, er möge ihm zweitausend türkische Pfund schicken, weil er in eine neue Stellung getreten sei. Sogleich schickt er es ihm. Dann ruft er den Pagliazzo und gibt ihm die tausend Pfund, und der begann ihn die Kunst zu lehren.

Am Ende des Jahres schreibt er an seinen Vater, er solle ihm Geld schicken; und sein Vater schreibt ihm, er habe keines mehr, weil er sein Vermögen verbraucht habe. Als er sah, daß sein Vater verarmt war und er mit jener Kunst so weit gekommen war, daß er ein besserer Pagliazzo war als der, der sie ihn gelehrt hatte, ging er von dort weg und begab sich zu seinem Vater nach Smyrna. Und sein Vater sagt zu ihm: «Mein Sohn, mir blieb keine Pendara, weil ich dir alles zum Studieren geschickt habe, und wenn du gut studiert hast, mein Sohn, so reut es mich nicht, meine Piaster ausgegeben zu haben.» «Hole, mein Vater, einen tüchtigen Ausrufer, daß er ins Haus komme, da ich mit ihm sprechen will.» Der Ausrufer kam ins Haus. «Was wollt Ihr von mir, gnädiger Herr?» Sagt der Sohn zu seinem Vater: «Fasse mich an der Hand, mein Vater, und gib mir deinen Segen und übergib mich dem Ausrufer, daß er mich als Sklaven verkaufe!» Der Vater zögerte, seinen Sohn als Sklaven zu verkaufen, aber sein Sohn bestand darauf und sagte zu ihm: «Bedenk dich nicht, mein Vater, übergib mich mit deinem Segen dem Ausrufer, daß er mich als Sklaven verkaufe, und sei getrost! Sage ihm, er solle tausend Pfund verlangen und solle sagen: ‹Wer ihn kauft, wird es bereuen, und wer ihn nicht kauft, wird es bereuen.›»

Lassen wir den Ausrufer den Jüngling verkaufen!

In Smyrna gab es einen reichen und vornehmen Kaufmann aus Konstantinopel. Und der Ausrufer ging umher, um den Jüngling zu verkaufen, und sagte immer: «Wer ihn kauft, wird es bereuen, und wer ihn nicht kauft, wird es bereuen.» Fragte der Kaufmann den Ausrufer: «Was verkaufst du, mein Sohn, hier?» – «Ich verkaufe diesen Jüngling; wer ihn kauft, wird es bereuen, und wer ihn nicht kauft, wird es bereuen.» Sagt zu ihm der Kaufmann: «Was sagst du da? Erkläre mir das!» Da sagt der Jüngling: «Führe mich weiter, denn der hat kein Geld, mich zu kaufen.» – «Bring ihn herein, mein Sohn; was sagt dieser Dummkopf?» Der Ausrufer bringt ihn herein und der Kaufmann holt tausend Pfund vor und zählt sie dem Ausrufer auf. Sagt der Jüngling zu dem Ausrufer: «Nimm die tausend Pfund und bringe sie meinem Vater und sage ihm, er solle getrost bleiben und sich nicht grämen!»

Der Kaufmann behielt den Jüngling und verwendete ihn als Lastträger im Geschäft. In diesen Tagen kam ein dem Kaufmann gehöriges Schiff, um mit Weintrauben beladen zu werden und nach Konstantinopel zu fahren. Und es wurde beladen, und als der Kaufmann die Rechnung machte, schaute der Jüngling zu und sah, daß der Kaufmann sich um vierhundert Pfund verrechnete. Und er sagt zu ihm: «Herr, du hast einen Fehler in der Rechnung.»

Der Kaufmann sieht nach und sagt zu ihm: «Nein, es ist kein Fehler darin.» Und der Jüngling sagt: «Nein, Herr es ist ein Fehler darin.» – «Ach, so mache du die Rechnung und sieh zu, welchen Fehler du findest.» Und der Jüngling sagt: «Einen Fehler von vierhundert Pfund wirst du finden.» – «Ach, mache du die Rechnung, daß wir es sehen!» Der Jüngling macht die Rechnung und fand einen Fehler von vierhundert Pfund; und der Kaufmann sagt zu ihm: «Ich danke dir, mein Sklave.»

Dieses Schiff fuhr ab, und es kam ein anderes jenem gehöriges Schiff; das hatte einen jüdischen Kaufmann an Bord, der das Schiff gemietet hatte, um es auch mit Weintrauben zu beladen und nach Konstantinopel zu fahren. Er belud also das Schiff und machte es fertig zur Abfahrt nach Konstantinopel. Da ruft der Kaufmann seinen Sklaven, er solle ihm Wasser bringen und ihm übergießen zum Waschen, damit er noch einen Brief an seine Gemahlin schreibe.

Der Sklave nahm den Krug und goß ihm zum Waschen über. In diesem Augenblick kam Musik an dem Laden vorüber, und er gab nicht acht, das Wasser seinem Herrn zum Waschen über die Hände zu gießen, weil die Musik anfing. Und der Kaufmann ist ärgerlich und gibt ihm eine Ohrfeige. Da sagt der Sklave: «Eine Ohrfeige hast du mir gegeben, ich werde dir zwei geben.» Der Kaufmann wurde zornig und schreibt einen Brief an seine Gemahlin nach Konstantinopel und sagt ihr darin, er schicke ihr den Sklaven, damit sie ihn auf ein Landgut bringe, um dort Steine zu tragen bis an sein Lebensende. Der Kaufmann rief den Kapitän und gibt ihm den Brief und den Sklaven und sagt ihm: «Diesen Sklaven wirst du in den Laderaum werfen und diesen Brief meiner Gemahlin geben, damit sie tue, was ich ihr schreibe.»

Das Schiff fuhr also ab. – In dieser Zeit hatte der Sultan Befehl erlassen, jedes Segel- oder Dampfschiff, das nach Konstantinopel komme, solle die Hafenwache mit Kanonen grüßen, und die Wache solle das Dampf- oder Segelschiff wieder grüßen.

Jenes Schiff nun warf der Sturm ins Meer, und es kam nicht weiter. Da begann der jüdische Kaufmann mit den Matrosen und dem Kapitän das Kumari zu spielen und ließ ihnen nichts als das Leben. In diesem Augenblick kam ein Matrose in den Laderaum herab, um dem Sklaven Brot zu bringen; und der Sklave sah den Matrosen bekümmert und fragte ihn, was er habe, daß er so bekümmert sei. «Was soll ich dir sagen? Der jüdische Kaufmann, den wir hier haben, hat mit uns und dem Kapitän Kumari gespielt und uns und dem Kapitän all unser Geld abgenommen.» Da sagt der Sklave zu dem Matrosen: «Ich bitte dich sehr, dem Kapitän zu sagen, daß er auch mich, den Fremdling, oben auf das Deck lasse; ich kann ja nicht schwimmen und entfliehen, und wenn wir nach Konstantinopel kommen, mag er mich wieder in den Laderaum bringen.»

Der Matrose stieg hinauf und sagte zum Kapitän, der Sklave grüße ihn, und er möge ihn doch herauflassen; er werde nicht fliehen, und wenn sie nach Konstantinopel kämen, solle er ihn wieder in den Laderaum hinabschicken. Als er dies dem Kapitän gesagt hatte, befiehlt dieser, den Sklaven nach oben zu lassen. Der Sklave kam also herauf und ging und begrüßte den Kapitän und setzte sich zu ihm. Und er fragt ihn: «Warum bist du so bekümmert, mein Kapitän?» – «Wie sollte ich nicht bekümmert sein, wo dieser jüdische Kaufmann im Kumarispiel mir all mein Geld und meine Kleider abgenommcn hat; nur meine Uhr ließ er mir.» Da sagt der Sklave: «Gib mir die Uhr, daß auch ich mit dem Juden spiele!» Der Kapitän in der großen Verzweiflung, in der er war, gab dem Sklaven die

Uhr; und der Sklave fordert den Juden auf, Karten zu spielen. Dieser nahm es an, und in acht Stunden nahm er dem Juden alles Geld ab, was er von den Matrosen und von dem Kapitän hatte, und all sein eigenes und nahm ihm auch die Traubenladung, die er von seinem Herrn hatte, und machte sogar den Juden selbst zum Sklaven. Und dann gab er den Matrosen und dem Kapitän alles Geld, was ihnen der Jude abgenommen hatte, und behielt von dem ganzen Geld keine Pendara.

Der Kapitän war erfreut, daß er ihm sein ganzes Vermögen wieder verschafft hatte, und behielt ihn ganz in seiner Nähe. Da sagt der Sklave zu dem Kapitän: «Einen Gefallen erweise mir, gib mir den Brief, den dir mein Herr gegeben hat, daß du ihn seiner Gemahlin übergebest, damit ich ihn lese. Ich bin imstande, ihn so wiederherzustellen, daß seine Gemahlin nicht merkt, daß er geöffnet wurde.»

Der Kapitän gab ihm den Brief, und der Sklave öffnete ihn und erkennt, zu welchem Schicksal ihn sein Herr verurteilt hatte – Steine zu tragen sein ganzes Leben lang. Und der Sklave macht einen anderen Brief, worin er zu der Herrin sagt: «Ich schicke dir einen Jüngling; nimm eine von unseren drei Töchtern, welche du willst, und vermähle sie sogleich mit ihm. Und ich schicke dir einen jüdischen Sklaven, um ihn auf ein Landgut zu senden, daß er dort Steine trage sein ganzes Leben lang nur bei Brot.» Und er verschloß den Brief sorgfältig und gab ihn dem Kapitän. Der Sklave besprach mit dem Kapitän, was er in dem Briefe geschrieben hatte. Das Schiff kam also nach Konstantinopel und grüßte die Wache, und die Wache grüßte es wieder. Der Kapitän nahm den Brief und brachte ihn der Gemahlin des Herrn. Diese las den Brief und sagt zu dem Kapitän: «Wo ist der Jüngling, von dem der Herr schrieb, daß er unsere Tochter zur Frau bekommen soll?» – «Er ist auf dem Schiff, Herrin.» – «Laufe und bringe ihn schnell her, damit wir ihn sehen.» Der Kapitän geht und sagt zu dem Sklaven: «Die Herrin verlangt nach dir.» – «Bravo, ich werde kommen; wir wollen zusammen gehen.» Der Sklave bekommt von dem Kapitän Kleider und zieht sie an und geht mit ihm in das Haus des Herrn.

Als sie geklopft hatten und eingetreten waren, kam die Herrin mit ihren Töchtern herab und begrüßte den Kapitän und den Jüngling und nahm sie mit nach oben, und sie setzten sich. Der Jüngling war schön und liebenswürdig und gefiel der Herrin. Da sagte sie zu ihm: «Mein Mann schreibt mir, du sollst eine von unsern drei Töchtern nehmen, welche du willst.» Sofort nahm er die erste und heiratete sie noch an demselben Tage. Dem Kapitän trug er auf, zu gehen und die Waren des Juden zu verkaufen. Den Juden schickte er auf das Gut, dort als Sklave zu arbeiten bis an sein Lebensende. Die Herrin schrieb einen Brief an ihren Gatten, worin sie sagte, daß sie getan habe, wie er ihr geschrieben. Der Jüngling nahm den Brief und entsiegelte ihn und schrieb, sie habe den Sklaven aufs Gut geschickt, dort zu arbeiten bis an sein Lebensende, aber nicht, daß er seine Tochter geheiratet habe. Der Kapitän bewahrt das Geheimnis und teilt dem Herrn nichts mit.

Der Jüngling ging einst unerkannt in die Stadt in ein Kaffeehaus und verlangte Kaffee, und er wurde ihm gebracht. In diesem Kaffeehause wurde Geige gespielt. Er setzte sich kurze Zeit, und dann ging er weg und ließ auf der Untertasse ein türkisches Pfund. Als er weggegangen war, fragt der Wirt den Kellner: «Hat der Jüngling den Kaffee bezahlt? Sieh doch zu!» Der Kellner sieht nach und und findet auf der Untertasse ein türkisches Pfund und bringt es dem Wirt.

Am andern Tage macht sich der Jüngling auf und geht wieder in dasselbe Kaffeehaus. Als der Wirt ihn sah, ging er zu ihm und grüßte ihn sehr und fragte ihn: «Was willst du nehmen, Herr?» Der Jüngling erwiderte: «Limonade.» Der Geiger fuhr fort, jeden Tag in diesem Kaffeehaus zu spielen. – Nun hatte der Sultan befohlen, daß jeden Freitag, wenn er in die Moschee ging, alle Geschäfte schließen sollten. Eines Freitags war der Jüngling in dem Kaffeehaus und verlangte die Geige, um selbst zu spielen. Als er spielte, war es Mittag, wo der Sultan wieder in die Moschee gehen wollte; und der Kaffeewirt sagt zu dem Jüngling, es sei Freitag, und freitags werde nicht gespielt um diese Stunde, sondern alle Geschäfte schlössen, weil der Sultan um diese Stunde in die Moschee gehe und solchen Befehl gegeben habe. Sagt der Jüngling zu dem Wirt: «Ich bitte dich, mir einen Stuhl und die Geige zu geben, daß ich außerhalb des Kaffeehauses sitze, und du schließe das Geschäft: was der Sultan tut, geht mich an und soll deine Sorge nicht sein.» Und der Wirt gab ihm den Stuhl und die Geige; und er setzte sich draußen hin und spielte Geige. Und alle Geschäfte waren geschlossen, er allein spielte Geige.

Nach kurzer Zeit reitet der Sultan vorbei, um sich in die Moschee zu begeben, und vernimmt die Geige. Die Soldaten liefen, um den Geigenspieler zu ergreifen, aber der Sultan gab Befehl, ihn freizulassen. Der Sultan begrüßte den Fremden und der Fremde den Sultan, und sie gingen auseinander. Als der Sultan gegessen hatte, wünschte er, daß sie den Fremden nach dem Palast brächten. Und der Sultan fragte ihn, wieviel er dafür wolle, daß er jeden Donnerstag Geige spiele, da sein Spiel ihm gefalle. «Ich will nichts», sagte der Jüngling zu ihm. Der Sultan war jedoch nicht einverstanden, daß er nichts nehme, sondern bewilligte ihm zehn Pfund für den Monat – ohne daß seine Frau und seine Schwiegermutter wußten, daß er Beziehungen zum Sultan habe.

Eines Tages, als der Jüngling Geige im Palast spielte, schickte Rußland einen Pagliazzo zu dem Sultan, daß auch er einen andern stelle und sie sich messen. Als der Sultan den königlichen Auftrag vernommen hatte, war er bekümmert während des Spieles. Der Jüngling, der Geige spielte, fragte ihn: «Warum bist du bekümmert, mein Sultan?» – «Warum sollte ich nicht bekümmert sein, wo man mir einen königlichen Befehl geschickt hat, ich möge einen Pagliazzo stellen, der mit dem kämpfen soll, den man mir schickte, und wer den andern niederwerfe, solle fünfhunderttausend Pfund bekommen und ich habe keinen Pagliazzo zu stellen.» – «Gib mir die Erlaubnis, und ich werde allein heraustreten und ringen.» Der Sultan in seiner großen Verzweiflung sagte zu ihm: «Tritt heraus, denn ich habe keinen andern zu stellen.»

Sie bestimmten den Sonntag zum Ringkampf; und die Leute waren an die Fenster und auf die Balkone getreten, um zuzuschauen. Als der Jüngling herabgestiegen war und die Pagliazzokleidung angezogen hatte, sahen ihn seine Kinder, seine Frau und seine Schwiegermutter und fingen an zu weinen. Da fragte der Sultan: «Warum weint ihr?» Die Schwiegermutter antwortete: «Es ist mein Schwiegersohn.» – «Es schadet nichts, es widerfährt ihm kein Leid.» Sie rangen zum ersten-, zweiten- und drittenmal, und der Jüngling besiegte den Europäer. Da klatschten alle dem Jüngling Beifall und führten ihn in den königlichen Palast.

Sofort schrieb seine Schwiegermutter an ihren Gatten einen Brief, worin sie sagte, daß sie einen Schwiegersohn habe, der sei brav und sitze zur Rechten des Sultans.

Der Jüngling in seiner Freude nahm den Brief nicht selbst zur Besorgung, um ihn abzufassen, sondern seine Schwiegermutter besorgte ihn, und es wurde so dem Kaufmann offenbar, daß er sein Schwiegersohn sei. Der Kaufmann steigt sogleich auf den Dampfer, um nach Konstantinopel zu fahren. Der Jüngling merkte es, daß sein Schwiegervater kommen würde, und bat den Sultan, er möge einen königlichen Befehl erlassen: Wenn ein Dampfer oder ein Schiff komme und Kanonenschüsse abgebe, so werde der Kaufmann an den einen Mast gehängt und der Kapitän an den andern, und ich selbst soll gehen, sie zu hängen. Der Sultan gab diesen Befehl.

In diesen Tagen kam das Schiff seines Schwiegervaters und gab Kanonenschüsse ab, und die Paschas kamen sogleich und warfen ihnen die Stricke um den Hals und warteten auf den Jüngling, daß er komme und sie richte. Der Jüngling kam also und sagte zum Kapitän: «Hast du nicht den Befehl vernommen, den der Sultan erlassen hat, daß alle Dampfer oder Schiffe, die hierherkommen, nicht Kanonenschüsse abgeben sollen?» – «Mein Gebieter, wir waren aufs Meer ausgefahren und vernahmen diesen Befehl nicht.» (Diese beiden erkannten sich aber, der Kapitän und der Jüngling.) «Ich schenke dir also dein Leben, weil du es nicht wußtest.» Er ging nun auch zu dem Kaufmann und sagt zu ihm: «Warum hast du den königlichen Befehl nicht gehört?» Und er versetzte ihm eine Ohrfeige auf die eine Backe und eine zweite auf die andere und sagt zu ihm: «Ich schenke dir das Leben, aber du sollst mein Sklave sein. Erinnerst du dich, daß du mir eine Ohrfeige gabst und mich zum Sklaven gemacht hattest und ich dir sagte: ‹Du hast mir eine Ohrfeige versetzt, ich werde dir zwei versetzen?›»

Dann befahl der Jüngling, ihn in sein Haus zu führen, und darauf ging er selbst. Und zu dem Kaufmann sagten seine Kinder und seine Frau: «Was hast du zu weinen?» Und er sagte: «Ich bin sein Sklave», und zeigte auf den Jüngling. «Nein, er ist unser Schwiegersohn.» – «Er ist mein Mann», sagte seine Tochter.

Der Jüngling schenkte das Schiff mitsamt der Ladung dem Kapitän, weil er das Geheimnis bewahrt hatte, und er schrieb an seinen Vater und seine Mutter, und sie kamen zu ihm nach Konstantinopel. Und es erging ihnen gut und uns noch besser. Weder bin ich dort gewesen noch brauchen Euer Gnaden es mir zu glauben.

DER PROZESS UM DIE EIER

Es war einmal ein König, der hatte eine Reise zu machen, und seine Frau war gerade schwanger, und er sagt zu ihr: «Königin, ich will eine Reise machen, und wenn du ein Mädchen gebierst, so werde ich dich köpfen lassen, und wenn einen Knaben, so wirst du Königin sein in meinem Reich.» Nach einer Weile, als der König abgereist war, gebar die Königin ein Mädchen. Die Königin geriet in Angst und überlegte, was sie tun solle. Zufällig hatte nahe beim Schloß eine arme Frau einen Knaben geboren; und die Königin berief heimlich diese Frau zu sich und sagte zu ihr: «Gib mir deinen Knaben und nimm das Mädchen; so will ich für deinen Unterhalt sorgen bis an dein Lebensende, denn wenn der König käme und das Mädchen sähe, würde er mich köpfen.» Die arme Frau nahm es an, und sie vertauschten ihre Kinder. – In dieser Zeit richtete der König allein und nicht die Richter. Aber lassen wir jetzt den König und die Königin.

In diesen Tagen wollte ein Kaufmann sich auf die Reise begeben und rief eine alte Frau zu sich und sagte zu ihr: «Geh und hol mir vierzig Eier, koche und bringe sie mir; ich werde dir bezahlen, soviel sie kosten.» Sie brachte ihm die Eier richtig gekocht und übergab sie ihm. Das Dampfboot war segelfertig zu der Stunde, wo sie sie ihm gab, und er sagte zu ihr: «Ich habe keine Zeit mehr, dich zu bezahlen. Erst wenn ich von der Reise zurückkomme!» Der

Kaufmann fuhr also ab, ohne der Alten die Eier bezahlt zu haben, und blieb drei Jahre fort. Nach drei Jahren kehrte er wieder zurück, und die Alte kam und verlangte von ihm die Bezahlung der Eier. Er sagt zu ihr: «Wieviel kosten die Eier?» Und sie antwortet: «Berechne, wieviel Hühner die vierzig Eier in den drei Jahren erzeugt hätten, wenn ich sie Bruthennen untergelegt hätte.» Der Kaufmann sagt zu ihr: «Was redest du da? Für vierzig Eier will ich dir vierzig Dekara geben.» «Nein, ich nehme die vierzig Dekara nicht, sondern berechne, wieviel Junge die vierzig Eier erzeugt hätten, und wieviel Eier die vierzig Jungen, und wieviel Junge die wieder.» Da schalt der Kaufmann die Alte und sagte: «Mach, daß du fortkommst, ich gebe dir keine Pendara mehr; geh!» Da sah sich die Alte genötigt, zum König zu gehen, damit er ihr Recht spreche. Sie gab dem König Bericht über die Sache: «Der Kaufmann hat sich von mir vierzig Eier geben lassen, ist auf die Reise gegangen und hat sie mir nicht bezahlt; heut sind es drei Jahre, und ich bin zu ihm gegangen und habe mein Geld von ihm verlangt; er aber hat mich gescholten und weggejagt. Und nun will ich, mein König, daß du meine Sache gerecht entscheidest. Die vierzig Eier in drei Jahren, welche Einnahme hätten sie gebracht?» Als sie dem König diese Frage vorgelegt hatte, daß er berechnen solle, wieviel Junge die vierzig Eier erzeugt hätten und wieviel Junge und Eier die vierzig Jungen wieder erzeugt hätten, da stellte er sich hin und überlegte, aber er fand kein Mittel, die Streitfrage der Alten mit dem Kaufmann zu lösen. Da sagte der König zu ihnen: «Gehet hin in Frieden, ich will nachdenken, um euren Prozeß zu entscheiden.» Sie gingen weg und an ihre Arbeit, die Alte samt dem Kaufmann. Der König dachte nach, aber er konnte die Rechnung nicht aufstellen, und es vergingen drei, vier Jahre.

Kehren wir jetzt zu den Kindern zurück, welche mehr als zehn Jahre alt waren, von der Königin und der armen Frau, die sie vertauscht hatten. Das Kind der armen Frau hatte Zutrauen zu der Königin und ging in den königlichen Garten, und der Königssohn unterhielt sich mit dem Kind der armen Frau. Der König hatte oftmals von der Rechnung der Alten gesprochen, und auch die Kinder wußten davon. Eines Tages saßen die beiden Kinder in dem königlichen Garten und sagten, wir wollen den Prozeß der Alten entscheiden, den der König nicht entscheiden kann. Sie sagten also, der eine von ihnen solle König werden und der andere die alte Frau. Der König war am Fenster und hörte die Kinder, die den Prozeß der Alten entscheiden wollten, und er blieb neugierig stehen, um das Ende zu erfahren. Da sagt der Knabe: «Ich will König sein, um den Prozeß zu entscheiden, und du bist die Alte, die die Bezahlung der vierzig Eier verlangt.» Das Mädchen nahm dies nicht an, daß der Knabe König sein solle, sondern sagte: «Nein, ich will König sein.» Da das Mädchen von königlicher Abkunft war und der Knabe von der armen Frau abstammte – o Wunder –, so ging der Knabe darauf ein, daß das Mädchen König sei und er selbst die Alte. Das Mädchen sagt zu dem Knaben, der die Alte gab: «Wieviel Eier hast du dem Kaufmann gegeben?» Er antwortete: «Vierzig, und drei Jahre sind vergangen, ohne daß er sie mir bezahlt hat. Als er nach drei Jahren zurückgekehrt ist, wollte er mich bezahlen und mir vierzig Dekara geben, aber ich nahm sie nicht an.» Das Mädchen sagt zu dem Knaben: «Wieviel verlangst du für die Eier?» – «Es waren vierzig Eier; sie hätten vierzig Junge erzeugt und diese vierzig Jungen hätten wieder andere Eier und andere Junge erzeugt.» Da fragt das Mädchen den Knaben: «In welcher Weise hat der Kaufmann von dir die Eier verlangt?» Sagt der Knabe: «Der Kaufmann sagte mir, ich solle ihm vierzig Eier holen, sie ihm kochen und ihm aufs Schiff bringen, daß er sie mir bezahle.» Da sagt das Mädchen zu ihm: «Du hast sie ihm also gekocht gebracht? Ei, also! Erzeugen gekochte Eier andere Vögel und Eier?» Er antwortet: «Nein!» – «Also hast du nicht Recht, mehr als vierzig Dekara für die Eier zu verlangen.»

Der König hörte die Entscheidung der Kinder, war erstaunt und sagte: «Zwei Kinder haben den Prozeß der Alten geschlichtet, und ich konnte ihn nicht in drei, vier Jahren schlichten!» Und er ruft die Alte und den Kaufmann zu sich und sagt zu der Alten: «Laß mich wissen, was du dem Kaufmann gegeben hast.» – «Mein König, vierzig Eier, und er hat sie mir nicht bezahlt.» Da sagt er zu ihr: «Gabst du ihm die Eier gekocht oder ungekocht?» – «Nein, gekocht, mein König, gab ich sie ihm.» – «Also! Kann eine gekochte Sache zeugen?» Die Alte antwortet: «Nein, mein König.» – «Also! Du hast nicht Recht, mehr als vierzig Dekara mit ihren Zinsen zu bekommen.» Zum Kaufmann sagt er: «Bezahle sie!» Der Kaufmann entgegnet: «Wieviel Zinsen vierzig Dekara in den drei Jahren machen, habe ich nicht Lust zu berechnen. Sie mag hundertfünfzig Piaster nehmen und zum Kuckuck gehen.» Die Alte nahm die hundertfünfzig Piaster und ging. Sagt der Kaufmann: «Gott sei Dank, daß ich diese Geschichte los bin!» und ging weg.

Gott ist gerecht: um die Königin zu retten, daß der König sie nicht köpfen lasse, wenn er später erführe, daß sie ein Mädchen geboren und es mit dem Jungen der armen Frau vertauscht habe, gab er den Kindern Erleuchtung, das Problem der Alten zu lösen. Denn die Königin sündigte nicht, da Gott in ihrem Leib ein weibliches Kind schuf und nicht ein männliches; denn das weibliche Kind war von Gott geschaffen, er wollte, daß sie ein weibliches gebäre.

Eines Tages rief der König die Königin und sagt zur ihr: «Sage mir die Wahrheit: was für ein Kind hast du geboren? Du bist frei, fürchte dich nicht, du bist Königin meines ganzen Reiches. Nur sage mir die volle Wahrheit!» – «Mein König, weil du mir gesagt hattest, daß, wenn ich ein weibliches Kind gebären würde, du mich köpfen ließest, fürchtete ich mich, als ich ein solches geboren hatte, das doch von Gott so geschaffen war, und rief die Arme in unserer Nachbarschaft, und wir machten einen Tausch. Der Junge gehört ihr, der Nachbarin, und das Mädchen ist meines.» – «Ich danke dir, meine Königin, daß du mich vor einer großen Sünde bewahrtest, dich köpfen zu lassen. Du sollst auf meinem Thron sitzen, daß wir zusammen regieren, weil Gott es so gewollt hat, daß es so kam. Rufe die arme Frau in den Palast!» Sie rief sie in den

Palast, und der König fragte sie: «Wie habt ihr das, du und die Königin, gemacht und eure Kinder vertauscht?» – «Die Königin rief mich, mein König, und sagte zu mir, ich solle ihr mein männliches Kind geben und sie mir ihr weibliches Kind, und sie gab mir auch Geld.» Da nahm der König sein Mädchen und die arme Frau ihren Knaben.

Die Arme sagte zu ihrem Kind: «Wohlan, mein Sohn, laß uns in unser Haus gehen!» Das Kind jammerte und weinte, und der König sagte daher zu ihm: «Geh nur getrost, mein Kind, ich werde dir viel Geld geben, daß du ein großer und reicher Kaufmann wirst und nicht Not leidest.» Der König gab Befehl, der armen Frau täglich den nötigen Unterhalt zu gewähren. So ging denn die arme Frau mit ihrem Kind nach Hause. Die Königin aber sprach: «Ich preise Dich, mein Gott, der Du gerecht bist und gerecht richtest.»

In der Reihe DIE BIBLIOPHILEN TASCHENBÜCHER im Orbis Verlag sind bisher folgende Bände erschienen:

Die Farben Andalusiens
3-572-10017-8

Sehnsucht nach Capri
3-572-01102-7

England
Streifzüge auf der Insel
3-572-10015-1

Am Gardasee
Italiens Tor zum Süden
3-572-10021-6

Irland
Zauber der grünen Insel
3-572-10026-7

Israel
Heiliges Land
3-572-10033-X

Kastilien
Herz von Spanien
3-572-10023-2

Wildes Korsika
3-572-01100-0

Kreta
Insel der Götter
3-572-10029-1

Feuerinsel Lanzarote
3-572-01099-3

Mallorcas verborgene Reize
3-572-10027-5

Malta – Nabel des Meeres
3-572-01101-9

Marokko
Zwischen Afrika und Orient
3-572-10034-8

Der Nil
Strom des Lebens
3-572-10020-8

Norderney
3-572-01103-5

Kühne Normandie
3-572-10022-4

Im Orient
3-572-10024-0

Hymne an die Provence
3-572-10018-6

Das alte Rom
3-572-10028-3

Schottland
Land der Sagen
3-572-10025-9

Sizilien
Schaubühne der Kulturen
3-572-10032-1

Stille Tage auf Sylt
3-572-01098-5

Syrien
Reiches Erbe einer Kulturlandschaft
3-572-10031-3

Im Tessin
Paradies am Fuß der Alpen
3-572-10030-5

An der Türkischen Riviera
3-572-10016-X

Zypern
Insel der Aphrodite
3-572-10019-4